# Die

# Aufnahme letztwilliger Verordnungen

## im Geltungsgebiete des Allgemeinen Landrechts

## für die Preußischen Staaten.

Ein Hülfsbuch

von

R. Blochmann,
Kreisrichter a. D.

---

Berlin,
Verlag von J. Guttentag (D. Collin).
1878.

# Vorwort.

Die Errichtung letztwilliger Verordnungen ist für das Schicksal ganzer Familien von so weit tragendem Einflusse, daß es kaum eine richterliche Thätigkeit giebt, welche an die Pflichttreue, die Umsicht und das Verständniß praktischer Verhältnisse größere Anforderungen stellte, als die Aufnahme der Testamente.

Will der Testator sicher gehen, daß seine letztwillige Verordnung im vollen Umfange zur Ausführung komme, so kann er bei einigermaßen verwickelten Verhältnissen der Beihülfe eines Rechtsverständigen nicht leicht entbehren. In den meisten Fällen wird der Richter, welcher das Testament aufzunehmen hat, diesen Rechtsbeistand leisten müssen. — Nach §§ 141 und 153 A. L.R. I, 12 soll er zugleich dafür sorgen, daß Prozesse über letzte Willenserklärungen möglichst vermieden werden.

Dieser Verpflichtung kann der Richter nur genügen, wenn er sich nicht bloß alle auf das testamentarische und gesetzliche Erbrecht bezüglichen Bestimmungen gegenwärtig hält, sondern auch mit den Entscheidungen des obersten Gerichtshofes über zweifelhafte Fragen und Auslegungen der Gesetze und letzten Willenserklärungen vertraut macht.

Um dem Richter diese Ausgabe, insbesondere außerhalb der Gerichtsstelle, zu erleichtern, habe ich die in beiden Theilen des Landrechts und in verschiedenen Titeln zerstreuten erbrechtlichen Bestimmungen und Entscheidungen des Obertribunals, soweit sie bei der Auf- und Annahme letztwilliger Verordnungen in Frage kommen können, zusammen gestellt.

---

# Inhalts-Verzeichniß.

# I. Das Gericht.

A. L.R. I, 12 § 72. Jedes gehörig besetzte Gericht ist innerhalb seines Gerichtssprengels auch von solchen Personen, welche darunter nicht gehören, letztwillige Verordnungen aufzunehmen berechtigt. [1]

§ 82. Ein Gericht ist gehörig besetzt, wenn dasselbe wenigstens aus Einer zur Justiz verpflichteten Gerichtsperson und Einem vereideten Protokollführer besteht.

§ 134. Soll in einem mündlichen Testamente der Richter selbst zum Erben ernannt werden, so darf sich derselbe mit dessen Aufnehmung gar nicht befassen: sondern er muß den Testator damit an irgend ein anderes Gericht verweisen. [2]

§ 135. Soll nur eine der übrigen bei der Handlung von Amtswegen mitwirkenden Personen zum Erben eingesetzt werden, so muß der Richter dieselbe davon sofort entfernen,

[1] In schleunigen Fällen kann der Richter auch außerhalb seines Gerichtssprengels ein Testament aufnehmen. (A. L.R. I, 12 § 73.)

[2] „Selbst" steht im Gegensatz zu den übrigen bei der Handlung mitwirkenden Personen.

A. G.O. III, 3 § 13. Jedes Mitglied eines Justizcollegii oder Gerichts muß in Sachen seiner Ehegattin und solcher Parteien, mit denen er in auf- oder absteigender Linie, oder bis zum vierten Grade der Seitenlinie verwandt oder verschwägert ist, sich seines Stimmrechts und aller übrigen Einmischungen gänzlich enthalten.

und ihre Stelle nach den obigen Vorschriften (§§ 83. 84) durch andere ersetzen. [1]

A. L.R. I, 12 § 198. Das Privilegium, militärisch zu testiren, wird auch auf Personen des Civilstandes ausgedehnt, insofern sie, wegen ansteckender Krankheiten oder Kriegsgefahr, sich des richterlichen Amtes zu bedienen verhindert werden. [2]

K.O. v. 12. July 1831. Auf den Bericht des Justizministeriums vom 2. d. M. bestimme Ich hierdurch:

daß die in dem A. L.R. I, 12 § 198 wegen der privilegirten Testamente enthaltene Vorschrift auch auf den Fall Anwendung finden soll, wo einzelne Häuser und Straßen, wegen der darin herrschenden ansteckenden Krankheiten, abgesperrt, und die Bewohner sich des richterlichen Amts zu bedienen dadurch verhindert sind. [3]

§. 202. Außer dem Falle, wo wegen ausgebrochener ansteckender Krankheiten der Staat eine Sperre des Orts oder der Gegend veranlaßt hat, kann der Umstand, daß der Testator selbst mit einer solchen Krankheit befallen gewesen, die Verabsäumung der gesetzlichen Förmlichkeiten nicht entschuldigen.

§ 203. Dagegen können aber auch die Gerichte in der Regel sich nicht entziehen, von solchen Kranken ihre letztwilligen Verordnungen in ihren Wohnungen, unter Anwendung der erforderlichen Vorsichtsmittel, auf- oder anzunehmen.

---

[1] Protokollführer und Gerichtsschöppen.

[2] § 44 Reichsmilitärgesetz vom 2. May 1874.

[3] Zur Aufrechterhaltung der zur Zeit einer ansteckenden Krankheit errichteten privilegirten Testamente genügt es, wenn das Haus, in welchem der kranke Testator lag, mit polizeilichen Warnungstafeln versehen war. Eine weitere Absperrung des Zugangs ist nicht erforderlich. Erk. des O.Tr. v. 22. März 1850.

A. L.R. I, 12 § 204. Doch kann, wenn dem Richter aus der vorzunehmenden Handlung eine offenbare und augenscheinliche Lebensgefahr bevorsteht, derselbe sich dieser Gefahr zu unterziehen nicht gezwungen werden.[1]

§ 88. Soll — die Handlung durch eine Deputation, es sei an ordentlicher Gerichtsstelle, oder in der Wohnung, oder dem Aufenthaltsorte des Testators vorgenommen werden, so muß der Vorgesetzte des Gerichts, oder der dessen Stelle vertritt, die Mitglieder dieser Deputation ernennen.[2]

Die K.O. v. 24. März 1839 deklarirt die §§ 88 u. 89 A. L.R. I, 12 dahin,

daß zwar die Ernennung des vereideten Protokollführers, wie die des richterlichen Mitgliedes bei der Deputation zur Auf- und Annahme eines Testaments eines Erbvertrages, einer Ehe-

---

[1] Wenn der Richter in diesem Falle es ablehnt, sich zu dem mit einer ansteckenden Krankheit Befallenen zu begeben, so muß das von letzterem militärisch errichtete Testament gelten. Unter einer augenscheinlichen Lebensgefahr ist nach dem Reskript vom 3. Okt. 1796 nur eine solche Gefahr gemeint, die an sich und nicht bloß in der individuellen Meinung eines oder des anderen Subjekts vorhanden ist. Der Krankheitsfall wird deshalb von dem Richter, welcher seine Amtsverrichtung wegen ihm drohender Lebensgefahr verweigern will, durch Sachverständige festgestellt werden müssen, wenn er sich nicht verantwortlich machen will. (Koch.)

[2] Das Reskr. vom 13. July 1843 hält eine allgemeine Ernennung für ausreichend.

Geschäftsregulativ für die Gerichte I. Instanz vom 18. July 1850 §. 19. Die beständigen Kommissarien zur Aufnahme der Handlungen freiwilliger Gerichtsbarkeit sind als solche am Sitze des Gerichts auch zur Aufnahme von Testamenten und anderen letztwilligen Verfügungen unter Zuziehung eines vereideten Protokollführers ermächtigt, ohne daß es einer Bestellung dazu für jeden einzelnen Fall bedarf.

Das O.Tr. hat früher die schriftliche Form für die Ernennung der Deputirten als erforderlich erachtet, in einem neueren Erk. v. 2. July 1869 indeß die mündliche Ernennung für genügend angesehen. (Koch).

stiftung, worin über die künftige Erbfolge etwas bestimmt wird, oder einer anderen letztwilligen Verordnung, den Anweisungen der §§ 88 und 89 gemäß, so nach wie vor durch den Gerichtsdirigenten geschehen muß, daß aber, wenn die Zuziehung eines vereideten Protokollführers ohne vorgängige Ernennung von Seiten des Dirigenten durch das richterliche Mitglied der Deputation erfolgt ist, hieraus keine Ungültigkeit der Handlung entsteht.[1]

A. L.R. I, 12 § 83. Die Stelle des Protokollführers kann von zwei (bereits) vereideten Schöppen vertreten werden.

§ 84. Wo beständige Gerichtsschöppen vorhanden sind, müssen nur diese, andere hingegen, die bloß zu dieser Handlung vereidet worden, können nur in schleunigen und dringenden Fällen zugelassen werden.

A. G.O. I, 25 § 53. Zu solchen Gerichtsschöppen müssen in der Regel Einsassen des Dorfs oder Gerichtsbezirks, die bekannte vernünftige Männer von unbescholtenem Rufe und des Lesens und Schreibens kundig sind, gewählt werden. Doch können auch Wirthschaftsbeamte und Schulmeister in Ermangelung anderer qualifizirten Subjekte als Gerichtsmänner zugelassen werden.

§ 55. Die nach §§ 51—54 zu bestellenden Gerichtsschöppen müssen dahin vereidet werden:

daß sie auf den Hergang der gerichtlichen Verhandlungen, bei welchen sie zugezogen werden, und darauf, daß selbige so, wie sie sich wirklich ereignet haben, genau Acht haben, auch das Protokoll nicht anders, als wenn sie dessen Inhalt diesem

---

[1] Auch die Zuziehung eines anderen als des ernannten Protokollführers zur Auf- und Annahme des Testaments hat dessen Ungültigkeit nicht zur Folge. Erk. des O.Tr. vom 12. Nov. 1852.

wahren Hergange der Sache gemäß finden, mit ihrer Unterschrift bekräftigen wollen.[1]

A. L.R. I, 12 § 93. Dorfgerichte, die aus einem Schulzen und zwei vereideten Schöppen bestehen, können unter Zuziehung eines vereideten Gerichtsschreibers Testamente und Codicille gültig an- und aufnehmen, wenn dergestalt Gefahr im Verzuge vorhanden ist, daß die Herbeikunft des ordentlichen Gerichtshalters nicht abgewartet werden kann.[2]

§ 94. Der Mangel eines ordentlichen Gerichtsschreibers kann in einem solchen Falle auch durch einen Rechtsanwalt, oder auch durch einen bloßen Notarius, oder durch den Prediger ersetzt werden.

§ 95. Dergleichen Testament oder Codicill müssen jedoch die Dorfgerichte dem Gerichtshalter ohne Zeitverlust einhändigen, welcher sie über den eigentlichen Hergang der Sache auf ihre Pflicht umständlich vernehmen, und das Protokoll darüber nebst der Disposition selbst in dem gerichtlichen Deposito verwahren muß.

Die Deklaration vom 10. July 1846 verordnet:

daß zwar den Dorfgerichtspersonen die Verpflichtung obliegt, ein von ihnen auf- oder angenommenes Testament oder Codicill dem Gerichtshalter, wenigstens durch eins ihrer Mitglieder persönlich einzuhändigen, jedoch die Rechtsbeständig-

---

[1] Die Stelle des Protokollführers kann auch ein zweites Mitglied des Gerichts versehen. Die Verrichtungen, welche jedem Mitgliede der Deputation obliegen sollen, sind nicht vorgeschrieben. Deshalb ist es kein Nichtigkeitsgrund, wenn der Richter und nicht der Protokollführer, oder, im Falle des §. 83, wenn nicht der Richter, sondern ein Schöppe das Protokoll geschrieben hat. Den zweiten Fall entscheidet in diesem Sinne das Pr. des O.Tr. v. 10. Sept. 1846 Nr. II (Koch).

[2] Ein dorfgerichtliches Testament ist nicht schon deshalb nichtig, weil der Gerichtsschreiber dasselbe nicht selbst geschrieben, sondern nur dictirt hat. Erk. des O.Tr. v. 30. Nov. 1863.

keit des Testaments oder Codicills von dieser persönlichen Einhändigung desselben an den Gerichtshalter nicht abhängig ist.

**A. L.R. I, 12 § 96.** Ist der Testator alsdann noch am Leben und zu einer gültigen Willensäußerung noch fähig, so muß der Gerichtshalter ihm das mit den Gerichten über den Hergang der Sache aufgenommene Protokoll vorlegen, und die Richtigkeit des darin enthaltenen Hergangs der Sache von ihm genehmigen lassen.[1]

## II. Der Testator.

**A. L.R. I, 12 §. 16.** Minderjährige ohne Unterschied des Geschlechts, welche das 14. Jahr zurückgelegt haben, können letztwillige Verordnungen gültig errichten, ohne daß dazu die väterliche oder vormundschaftliche Einwilligung erfordert wird.

§ 17. Doch sind Personen, welche das 18. Jahr noch nicht zurückgelegt haben, ihre letztwilligen Verordnungen nicht anders als mündlich zum gerichtlichen Protokolle zu errichten befugt.

§. 20. Personen, die nur zuweilen ihres Verstandes beraubt sind, können in lichten Zwischenräumen von Todeswegen rechtsgültig verordnen.

§ 21. Personen aber, die wegen Wahn- oder Blödsinns unter Vormundschaft genommen werden, sind, so lange die Vor-

---

[1] Auch in einer zur Aufnahme eines andern Rechtsgeschäfts bestimmten gerichtlichen Verhandlung kann ein Testament gültig errichtet werden, wenn die in Betreff der gehörigen Besetzung des Gerichts und der Aufnahme letztwilliger gerichtlicher Dispositionen bestehenden gesetzlichen Vorschriften beobachtet sind. Pr. des O.Tr. vom 21. Dez. 1848.

mundschaft dauert, letztwillige Verordnungen zu errichten unfähig.

A. L.R. I, 12 § 26. Tauben oder stummen Personen, welche sich schriftlich oder mündlich ausdrücken können, stehen die Gesetze bei Errichtung ihres letzten Willens nicht entgegen.[1]

§ 27. Personen, welche für Verschwender erklärt worden, können während der Vormundschaft zum Nachtheile ihrer gesetzlichen Erben nur über die Hälfte ihres Nachlasses gültig verordnen.

§ 28. Auch alsdann, wenn ein Verschwender bloß unter diesen gesetzlichen Erben testirt, kann er keinem derselben mehr, als die Hälfte desjenigen, was ihm nach den Regeln der gesetzlichen Erbfolge zukommen würde, entziehen.

§ 34. Auch ein Verschwender kann die sowohl vor, als während der Vormundschaft gemachten letztwilligen Verordnungen widerrufen.

§ 35. Personen, die Ehebruch oder Blutschande mit einander getrieben haben, können einander durch letztwillige Verordnungen nichts hinterlassen, wenn entweder um dieses verbotenen Umgangs willen eine Ehe getrennt, oder der Erblasser

---

[1] Streitig ist, ob Taube, welche nicht lesen, und Stumme, welche nicht schreiben können, dennoch testirfähig sind. Die Reskripte vom 24. Juny 1802 und 10. May 1806 sprechen sich für die Bejahung aus, und halten die Zeichensprache für zulässig.

Anderer Ansicht ist Koch.

Unter der in §. 26 A. L.R. I, 12 erwähnten Fähigkeit taubstummer Personen, sich mündlich auszudrücken, ist die Zeichensprache nicht begriffen. — Taubstumme Personen sind nur dann testamentsfähig, wenn sie schreiben und Geschriebenes lesen können. Entsch. des O.Tr. vom 3. März 1856.

Zur Gültigkeit des Testaments taubstummer Personen ist erforderlich, daß die an sie zu richtenden Fragen ihnen schriftlich vorgelegt und von ihnen schriftlich beantwortet werden. Entsch. des O.Tr. v. 3. May 1856.

sonst des Ehebruchs oder der Blutschande mit der begünstigten Person gerichtlich überführt worden.

Verordn. v. 28. Febr. 1811. Personen, welche nach vorgängiger auf den Grund Unserer K.O. vom 15. März 1803 ertheilten Dispensation sich geehelicht haben, sollen befugt sein, für einander letztwillig zu verfügen.

## III. Das Testament.

### A. Form.

A. L.R. I, 12 § 66. Jedes Testament oder Codicill muß in der Regel vom Testator selbst den Gerichten übergeben, oder zum gerichtlichen Protokolle erklärt werden.

§ 100. Einem jeden Testator steht frei, sein Testament oder Codicill den Gerichten versiegelt zu übergeben.

§ 101. Ein dergleichen Aufsatz muß aber von ihm selbst eigenhändig ge- oder wenigstens unterschrieben sein.[1]

§ 102. Ob dieses nothwendige Erforderniß wirklich beobachtet worden, darüber muß der Richter den Testator ausdrücklich vernehmen.[2]

§ 103. Außer diesem und dem, was unter § 145 sqq. verordnet wird, muß der Richter aller Fragen über den In-

[1] Auch ein von dem Testator geschriebenes Testament muß von ihm unterschrieben sein, sonst ist es nichtig. Pr. des O.Tr. v. 16. May 1836.

Ein vom Testator unterschriebenes, dem Gerichte verschlossen übergebenes Testament kann als nichtig nicht angefochten werden, wenn der Testator nur seinen Namen hat schreiben, sonst aber weder schreiben noch Geschriebenes hat lesen können. Erk. des O.Tr. v. 7. Oktbr. 1867.

[2] Es ist streitig, ob diese Befragung zu den wesentlichen Förmlichkeiten bei Aufnahme der Testamente gehört.

halt des Testaments sich enthalten, vielmehr dasselbe nur in Gegenwart des Testators überschreiben, dem Siegel, mit welchem das Testament auswendig verschlossen ist, das Gerichtssiegel beifügen, über die Handlung selbst ein vollständiges Protokoll aufnehmen und dieses Protokoll von dem Testator mit unterzeichnen lassen.

A. L.R. I, 12 § 104. Will der Testator seine Verordnung mündlich zum Protokoll erklären, so muß der Richter alles beobachten, was nach Vorschrift der Prozeßordnung zu einem gerichtlichen Protokolle erfordert wird.[1]

§ 107. Uebergiebt der Testator sein Testament oder Codicill offen und unversiegelt, so muß er vernommen werden, ob ein solcher Aufsatz nur bei einer mündlich zu errichtenden Disposition zum Grunde gelegt, oder als ein schriftliches Testament angesehen werden solle.[2]

§ 108. Will der Testator, daß ein solcher Aufsatz als ein schriftliches Testament gelten solle, so darf der Richter bloß nachsehen, ob derselbe von dem Testator unterschrieben sei, und muß, wenn dieses nicht ist, die Unterschrift fördersamst bewerkstelligen lassen.

§ 109. Sodann muß er die Erklärung des Testators,

---

[1] Es erzeugt allein noch keine Nichtigkeit eines zum gerichtlichen Protokolle erklärten Testaments, wenn einer der bei dessen Aufnahme zugezogenen Gerichtsschöppen sich während der Verhandlung nicht ununterbrochen bei derselben anwesend befunden hat, sofern nur das vollständig besetzte Gericht bei der Vorlesung, Genehmigung und Vollziehung des Protokolls gegenwärtig gewesen ist. Erk. des O.Tr. v. 10. Sept. 1846.

[2] Wenn der Testator sein Testament in Gegenwart der Deputation erst noch versiegelt und dann übergiebt, so ist dasselbe nicht als offen, sondern als versiegelt übergeben anzusehen. Erk. des O.Tr. v. 26. Novbr. 1849.

daß dieser Aufsatz seine letzte Willensmeinung enthalte, unter demselben verzeichnen.[1]

**A. L.R. I, 12 § 110.** Hierauf muß der Aufsatz in Gegenwart des Testators mit dem Gerichtssiegel versiegelt, überschrieben und mit Aufnehmung des Protokolls über die Handlung nach Vorschrift des § 103 weiter verfahren werden.

§ 113. Blinde, des Lesens und Schreibens unerfahrene, ingleichen solche Personen, welche an den Händen gelähmt oder deren beraubt sind, können nur mündlich zum Protokolle testiren.[2]

§ 114. Doch steht es ihnen frei, einen schriftlichen Aufsatz ihres letzten Willens nach Maßgabe des § 108 offen zu übergeben, welchen der Richter dem Testator vorlesen, auch was derselbe dabei erklärt hat, in einem dem Aufsatze beizufügenden und mit ihm zu versiegelnden Protokolle bemerken muß.[3]

§ 115. In allen Fällen, wo der Testator das Protokoll

---

[1] Die Unterlassung hat die Nichtigkeit des Testaments zur Folge: durch eine Erklärung im Annahmeprotokolle wird der Mangel nicht ersetzt. Erk. des O.Tr. v. 26. Nov. 1849.

[2] Der §. 113 findet auf Personen, welche nur ihren Namen schreiben können, keine Anwendung. Erk. des O.Tr. v. 7. Oktbr. 1867. Wer seine Unterschrift zwar mit geführter Hand vollzogen hat, aber doch sonst schreiben kann, gilt als schreibfähig. Simon, Rechtssp. Band I pag. 261.

Will ein Blinder testiren, so muß ihm zu dem Akte von Anfang ein Beistand zugeordnet werden; dieser muß ihm am Ende das Protokoll vorlesen und an seiner Statt unterschreiben, bei der Unterschrift aber müssen zwei Instrumentszeugen zugezogen werden, in deren Gegenwart der Testator zu erklären hat, daß ihm das Protokoll vorgelesen sei und er dasselbe genehmige (Koch).

[3] Die Erklärung muß unmittelbar unter den Aufsatz geschrieben werden. (Koch.) Es ist nicht als ein wesentlicher Mangel der Form zu betrachten, wenn der die Testamentsaufnahme bewirkende Richter nicht selbst dem Testator den Aufsatz vorliest, sondern eine der bei dem Akte mitwirkenden Personen veranlaßt, die Vorlesung in seiner Gegenwart vorzunehmen. Erk. des O.Tr. vom 24. Febr. 1854.

über die Erklärung seines letzten Willens, oder dessen Uebergebung, es sei aus welcher Ursache es wolle, nicht selbst unterschreiben kann, muß das Handzeichen desselben durch zwei dabei zugezogene glaubwürdige Männer bezeugt werden.[1]

A. L.R. I, 12 § 116. Diese Zuziehung und Unterschrift zweier Zeugen ist auch alsdann erforderlich und hinreichend, wenn der Testator auch nur ein bloßes Handzeichen beizufügen nicht im Stande wäre.[2]

§ 117. Die in allen dergleichen Fällen zuzuziehenden Testamentszeugen müssen überhaupt die Eigenschaften gültiger Instrumentszeugen besitzen.[3]

---

[1] Bedient der Testator sich der Schriftzeichen eines nicht allgemein bekannten Alphabets, so ist er als ein Schreibunfähiger zu behandeln. (Koch).

Frauenspersonen können nicht Testamentszeugen sein.

[2] Es ist nicht vorgeschrieben, mit welchen bestimmten Ausdrücken, oder in welcher Weise die Handzeichen von den zugezogenen Zeugen attestirt werden sollen. Es genügt die bloße Namensunterschrift des Unterschriftszeugen. Erk. des O.Tr. vom 3. Mai 1869.

[3] Die Fähigkeit eines Testamentszeugen ist nicht nach der Notariatsordnung, sondern nach den Vorschriften des 12. Titels Th. I A. L.Rs. zu beurtheilen, und es sind daher namentlich minderjährige, doch eidesmündige Personen, sowie Dienstboten des Richters, welcher das Testament aufnimmt, an und für sich taugliche Testamentszeugen. Erk. des O.Tr. v. 29. Decbr. 1851 und 22. April 1870.

Daraus, daß die Zeugen nur ihren Namen schreiben, sonst aber weder schreiben noch lesen können, folgt eine Nichtigkeit des Testaments nicht. Erk. des O.Tr. v. 30. May 1856.

Dagegen ist Koch der Ansicht, daß die Fähigkeit der Testamentszeugen nach den Vorschriften der Notariatsordnung vom 11. July 1845 zu beurtheilen sei.

§. 7. Ges. v. 11. July 1845. Die Zeugen müssen dem Notar bekannte Inländer männlichen Geschlechts, volljährig und des Lesens und Schreibens kundig sein.

Unfähig als Zeugen zu dienen sind:

1) Taube, Stumme und gerichtlich für Verschwender erklärte Personen.

2) Diejenigen, welche wegen irgend eines Verbrechens Zucht-

A. L.R. I, 12 § 118. Insonderheit muß ihnen keiner derjenigen Mängel entgegen stehen, wegen welcher jemand zur Ablegung eines jeden Zeugnisses überhaupt nach Vorschrift der Prozeßordnung unfähig ist.

§ 119. Wer selbst in einem Testamente oder Codicille zum Erben eingesetzt, oder mit einem Vermächtnisse darin bedacht worden, der kann bei diesem Testamente oder Codicille als Zeuge nicht gebraucht werden.[1]

§ 120. Wer in den eigenen Privatangelegenheiten des Richters wegen naher Verwandschaft, oder persönlicher Verbindung mit selbigem, ein Zeugniß für ihn abzulegen nach den

---

hausstrafe erlitten haben, oder wegen Diebstahls, Unterschlagung, Betrugs, Untreue, Fälschung oder Eidbruchs zu irgend einer Strafe verurtheilt worden sind.

3) Diejenigen, welche für unfähig erklärt worden sind, einen nothwendigen Eid zu leisten.

4) Diejenigen, denen in der Gemeinde, in welcher sie ihren Wohnsitz haben, das Gemeinde- oder Stimmrecht in Gemäßheit der Städte- oder Landgemeindeordnung wegen Unwürdigkeit versagt oder entzogen ist.

5) Diejenigen, welche eines öffentlichen Amtes entsetzt worden sind.

§. 8. Die Bestimmungen des §. 5 finden auch auf den zweiten Notar und die Zeugen Anwendung. Auch darf der Notar mit den Instrumentszeugen, oder mit dem zugezogenen zweiten Notare in dem in §. 5 angegebenen Grade nicht verwandt oder verschwägert sein.

§. 5. Kein Notar darf eine Verhandlung aufnehmen, bei welcher er selbst, oder seine Frau, oder einer von seinen oder seiner Frau Verwandten, oder Verschwägerten in auf- und absteigender Linie, oder in der Seitenlinie bis zum Grade des Oheims oder Neffen einschließlich, betheiligt sind, oder worin eine Verfügung zu Gunsten einer der genannten Personen getroffen wird.

§. 9. Dienstboten und Gehülfen der Betheiligten und Notare, namentlich die Privatschreiber der Notare dürfen bei den Verhandlungen nicht als Zeugen zugezogen werden.

[1] Der Vormund des eingesetzten Erben kann Zeuge sein. Erk. des O.Tr. vom 21. Dezbr. 1848. Anderer Ansicht ist Koch.

Gesetzen unfähig sein würde, den darf der Richter bei einem von ihm auf= oder abgenommenen Testamente als Zeugen nicht zuziehen.

A. L.R. I, 12 § 121. Andere Erfordernisse, welche die Gesetze bei einem zulässigen oder gültigen Beweiszeugen vorschreiben, sind bei einem bloßen Testamentszeugen nicht nothwendig.

§ 122. Auch kommt es nicht darauf an, ob die Zeugen von dem Testator oder Richter gewählt worden, und es ist genug, daß sie nur alsdann gegenwärtig sind, wenn der Testator sein Handzeichen beifügt, oder im Falle er dazu nicht im Stande wäre, auch nur im Allgemeinen erklärt, daß ihm das Protokoll vorgelesen worden sei, und er den Inhalt desselben genehmige.

§ 123. Tauben, ingleichen Stummen, die an sich testiren können (§ 26), müssen die an sie zu richtenden Fragen schriftlich vorgelegt, und wenn der Testator stumm ist, auch schriftlich von demselben beantwortet werden. [1]

---

[1] Anfrage der Regierung zu Magdeburg vom 10. Juny 1802: „Was geschehen soll, wenn der Taube nicht Geschriebenes lesen kann, bestimmt das Gesetz nicht. Es scheint uns aber unbedenklich zu sein, daß alsdann die Zeichensprache in der Art substituirt werde, wie solches bei Aufnahme der Verträge taubstummer Personen in der A. GO. II, 3 §. 7 vorgeschrieben ist:

daß nämlich zwei von denjenigen Personen, die mit solchem Testirer täglich, oder doch oft zusammenkommen und Umgang pflegen, bei der vorzunehmenden Handlung aber kein solches eigenes Interesse haben, welches ihre Glaubwürdigkeit zweifelhaft machen könnte, von dem Gerichte bei Auf= oder Annahme des letzten Willens zugezogen werden; daß diese darüber, ob und woher sie wissen, daß derselbe durch Zeichen hinlänglich verständigt werden könne, an Eidesstatt und mit dem Bedeuten, daß sie sich zur eidlichen Bestärkung ihrer Angaben auf Erfordern bereit halten müssen, vernommen werden;

A. L.R. I, 12 § 124. Schriftliche Aufsätze eines letzten Willens kann der Testator in jeder ihm bekannten Sprache abfassen.

§ 4 des Gesetzes betreffend die Geschäftssprache der Behörden u. s. w. vom 28. August 1876. Ist vor Gericht unter Betheiligung von Personen zu verhandeln, welche der deutschen Sprache nicht mächtig sind, so muß ein beeidigter Dolmetscher zugezogen werden.

Personen, welche der deutschen Sprache nicht mächtig sind, leisten Eide in der ihnen geläufigen Sprache. Das Protokoll ist in diesen Fällen in deutscher Sprache aufzunehmen, und falls es einer Genehmigung Seitens einer der deutschen Sprache nicht mächtigen Person bedarf, derselben durch den Dolmetscher in der fremden Sprache vorzutragen.

Die Führung eines Nebenprotokolls in der fremden Sprache findet nicht statt, jedoch können Aussagen und Erklärungen in

---

daß das Gericht die Richtigkeit solcher Angaben sorgfältig prüfen, sich davon durch wiederholte Proben so vollständig als möglich überzeugen und die diesfallsigen Verhandlungen umständlich zum Protokolle niederschreibe;

daß das Gericht alsdann durch diese Dolmetscher bald durch den einen, bald durch den andern die dem Testirer zu thuenden Fragen vorlege, und dann der Antwort des Letzteren gewärtige;

daß es am Schlusse des Protokolls den Inhalt desselben, soweit es die vorzunehmen gewesene Handlung selbst betrifft, dem Testirer auf gleiche Art nochmals vorhalte, und dessen Erklärung ebenso gewärtige, und endlich, daß das Protokoll auch von diesen Dolmetschern, welche die Stelle der Schreibzeugen vertreten können, wenn sie die §. 115 sqq. A. L.R. I, 12 vorgeschriebenen Eigenschaften haben, mit unterzeichnet werde."

Durch das Reskript des Justizministers vom 24. Juny 1802 ist dieses Verfahren gebilligt und durch Reskript vom 10. Mai 1806 die Anwendung der Zeichensprache für zulässig erachtet und der Versuch empfohlen worden, ob der Testirer eine dem Drucke ähnliche Schrift lesen könne.

Koch hält die Anwendung der Zeichensprache für unzulässig.

fremder Sprache, wenn und soweit der Richter dies mit Rücksicht auf die Wichtigkeit der Sache für erforderlich erachtet, auch in der fremden Sprache in das Protokoll oder eine Anlage niedergeschrieben werden. In dazu geeigneten Fällen kann dem Protokolle eine durch den Dolmetscher zu beglaubigende Uebersetzung beigefügt werden.

§ 5. Die Beeidigung des Dolmetschers erfolgt ein für allemal oder vor Ausübung seiner Verrichtung im einzelnen Falle dahin: daß er treu und gewissenhaft übertragen werde. Wird ein Beamter als Dolmetscher angestellt, so ersetzt der Diensteid den Dolmetschereid.

§ 6. Bei Handlungen der freiwilligen Gerichtsbarkeit können die Betheiligten dem Dolmetscher die Ableistung des Eides erlassen.

Dieser Verzicht muß in der Sprache der Betheiligten im Protokolle vermerkt werden.

Bei denjenigen Handlungen der freiwilligen Gerichtsbarkeit, bei denen die Zuziehung eines Protokollführers gesetzlich nicht erfordert wird, bedarf es auch der Zuziehung eines Dolmetschers nicht, wenn der Richter der fremden Sprache mächtig ist.

§ 7. Die Zuziehung eines Dolmetschers kann unterbleiben, wenn die betheiligten Personen sämmtlich der fremden Sprache mächtig sind. In diesem Falle kann das Protokoll, sofern es Handlungen der freiwilligen Gerichtsbarkeit betrifft, in der fremden Sprache aufgenommen, es muß jedoch die Uebersetzung in das Deutsche alsbald bewirkt werden.

Falls das in deutscher Sprache aufgenommene Protokoll der Genehmigung Seitens einer der deutschen Sprache nicht mächtigen Person bedarf, ist es derselben durch eine der amtlich mitwirkenden Personen in der fremden Sprache vorzutragen.

§ 8. Der Dienst des Dolmetschers kann von dem Gerichtsschreiber oder Protokollführer wahrgenommen werden, sofern der Gerichtsschreiber oder Protokollführer gleichzeitig als Dolmetscher angestellt ist.

A. L.R. I, 12 § 131. Die Dolmetscher oder Zeugen, welche bei dem Testamente eines der Sprache des Richters unkundigen Testators zugezogen werden, müssen mit den § 117 bis 120 bestimmten Erfordernissen gültiger Testamentszeugen versehen sein.

§ 133. In einem schriftlich und versiegelt übergebenen Testamente können dem Richter, sowie jeder andern bei der Handlung der Abnahme mitwirkenden Person, Erbschaften und Vermächtnisse gültig zugewendet werden, ohne daß es weiter einer besonderen Form bedarf. [1]

§ 136. Soll in einem mündlichen Testamente dem Richter, oder einer der übrigen bei der Handlung mitwirkenden Personen nur ein Vermächtniß ausgesetzt werden, so muß der Testator, daß solches wirklich seine Absicht sei, entweder bei der Unterschrift, oder am Rande, bei der gehörigen Stelle eigenhändig bezeugen. [2]

---

[1] Wird das Testament zwar schriftlich aber offen übergeben, so ist es einem mündlichen gleich zu achten, und der Richter muß sich seiner Mitwirkung dabei enthalten. (Koch.)

[2] Die hier vorgeschriebene besondere Form ist nicht auf die bei Anfertigung des Protokolles unmittelbar thätigen Personen zu beschränken, vielmehr kann dieselbe auch bei anderen, welche bei der gerichtlichen Verhandlung zu dem Zustandekommen der letztwilligen Verfügung mitgewirkt haben, erforderlich sein. Es muß in jedem einzelnen Falle die Erheblichkeit der geleisteten Mitwirkung geprüft werden. Erk. d. O.Tr. v. 10. Dezbr. 1851.

Der § 136 findet auch auf die bei Aufnahme eines Testaments mitwirkenden Schreibzeugen und Dolmetscher Anwendung. Erk. d. O.Tr. v. 22. April 1870.

Vergl. §§ 134. 135 A. L.R. I, 12 Abschn. I Gericht.

A. L.R. I, 12 § 137. Kann der Testator nicht selbst schreiben, so muß dieser Vermerk von zwei glaubwürdigen Zeugen eigenhändig beigeschrieben werden.

§ 138. Sind diese Vorschriften (§§ 136 u. 137) verabsäumt worden, so ist zwar nicht das ganze Testament, wohl aber das Vermächtniß unkräftig.

## B. Verfahren.

A. L.R. I, 12 § 142. Ist Derjenige, welcher sich zur Aufnehmung oder Niederlegung eines letzten Willens meldet, dem Richter von Person nicht hinlänglich bekannt, so muß Letzterer vor allen Dingen sich zu überzeugen suchen, daß der Testirende Derjenige wirklich sei, für den er sich ausgiebt.

§ 143. Daß, und wie solches geschehen sei, muß gleich allen übrigen zur Sache gehörigen Vorfällen im Protokolle umständlich bemerkt werden.

§ 144. Kann der Richter von der angegebenen Qualität des Testators keine Gewißheit erlangen, so ist es genug, wenn dieses und für wen derselbe sich ausgegeben, auch was er etwa zu seiner Legitimation beigebracht hat, in dem Protokolle bestimmt angezeigt worden.

§ 145. Ferner muß der Richter durch schickliche Fragen zu erforschen suchen: ob der Testator sich in Ansehung seiner Geisteskräfte in einem solchen Zustande befinde, daß er seinen Willen gültig äußern könne.

§ 146. Auch davon muß der Befund in dem Protokolle bemerkt werden.

§ 147. Ist dem Richter bekannt, daß der Testator zuweilen an Abwesenheit des Verstandes leide, so muß er sich vollständig überzeugen, daß derselbe in dem Zeitpunkte, wo er ein Testament aufnehmen läßt, oder übergiebt, seines Verstandes wirklich mächtig sei.[1]

A. L.R. I, 12 § 148. Findet er dies zweifelhaft, so muß er einen Sachverständigen zuziehen.

§ 149. Leidet die Sache keinen Aufschub, so muß der Richter zwar die Handlung vornehmen, zugleich aber alle Umstände, welche ihn über die Fähigkeit des Testators zu einer gültigen Willensäußerung zweifelhaft machen, in dem Protokolle mit vorzüglicher Sorgfalt bemerken.

§ 150. Muß wegen vorkommender Zwischenfälle die Handlung der Testaments-Auf- oder Abnahme unterbrochen und zu einer andern Zeit fortgesetzt werden, so muß der Richter den Anlaß der Unterbrechung, so wie die Zeit, wann sie abgebrochen, und wann sie fortgesetzt und beschlossen worden, im Protokolle genau niederschreiben.

§ 151. Auch darauf muß der Richter von Amtswegen Rücksicht nehmen, ob und in wie weit der Testator über sein Vermögen letztwillig zu verfügen berechtigt, oder was er in einem oder dem andern Falle zu beobachten schuldig sei.

§ 152. Besonders muß er bei Personen unter 18 Jahren, ingleichen bei solchen, wo wegen hohen Alters, Krankheit oder Mangels an Unterricht und Erziehung, geschwächte Verstandskräfte zu besorgen sind, sich durch schickliche Fragen, so viel als möglich, zu überzeugen suchen, daß dieselben nicht durch List und Ueberredung zu der getroffenen Disposition verleitet worden.

§ 155. Auch muß er im Protokolle bei Hauptumständen keine Correcturen noch Rasuren vornehmen, sondern die

[1] Vergl. jedoch § 21 A. L.R. I, 12. (S. 6.)

nöthigen Zusätze oder Verbesserungen am Schlusse des Protokolls, oder in einer am Rande beizufügenden Registratur bemerken und von dem Testator oder den Zeugen besonders mit unterschreiben lassen.

**A. L.R. I, 12 § 156.** In wesentlichen Stellen muß er sich aller Abkürzungen enthalten, auch die vorkommenden Summen mit Buchstaben ausschreiben.

§ 157. Bei schriftlichen, versiegelt übergebenen Testamenten muß der Richter in dem Protokolle über die Abnahme bemerken, mit wie viel Siegeln das Testament, und wie es überschrieben sei.

## C. Inhalt des Testaments.

### 1) Allgemeine Vorschriften.

**A. L.R. I, 12 § 163.** Hat der Erblasser in seinem Testamente ausdrücklich verordnet, daß keine schriftliche Aufsätze, welche sich in dem Nachlasse finden möchten, gültig sein sollen, so hat es dabei sein Bewenden, auch wenn diese in dem gerichtlichen Testamente enthaltene Erklärung in dem außergerichtlichen Codicille widerrufen wäre.

A. § 35. Behält sich der Erblasser in seinem rechtsbeständigen Testamente die Befugniß vor, dasselbe durch außergerichtliche Aufsätze zu ergänzen oder abzuändern, und es finden sich dergleichen im Nachlasse, so haben sie mit dem Testamente selbst gleiche Kraft.

Ob dergleichen Codicille außer der eigenhändigen Unterschrift des Testators noch mit andern Erfordernissen versehen sein müssen, hängt von den Bestimmungen ab, welche das Testament des Erblassers dieserhalb enthält.

A. L.R. I, 12 § 216. Wenn binnen sechs Wochen nach dem notorischen Ableben des Erblassers Niemand die Eröffnung des Testaments oder Codicills nachgesucht hat, so muß der Richter damit von Amtswegen verfahren.[1]

§ 522. Hat der Testator ohne weitere Bestimmung seinen Verwandten etwas zugedacht, so fällt dasselbe denjenigen, welche zur Zeit seines Ablebens zu seiner gesetzlichen Erbfolge die nächsten oder gleich nahe sind, ohne Unterschied des Standes oder Geschlechtes anheim.

§ 523. Hat er zum Besten oder Flor seiner Familie etwas ausgesetzt, so ist bei Adeligen zu vermuthen, daß die Zuwendung nur seiner männlichen Nachkommenschaft zu gute kommen solle.

§ 524. War aber der Testator nicht von Adel, so kommt der Vortheil auch seiner Nachkommenschaft von der weiblichen Seite zu Statten.

§ 526. Unter dem Ausdrucke: Kinder werden, wenn derselbe in einer letztwilligen Verordnung gebraucht worden, in der Regel auch die an deren Stelle tretenden ferneren Descendenten, insofern denselben nach den Gesetzen ein Pflichttheil aus dem Vermögen ihrer unmittelbaren Eltern zukommen würde, mit begriffen; es mag nun von des Erblassers eigenen oder von den Kindern des Erben oder Legatarii die Rede sein.[2]

---

[1] Der Testator kann über die Zeit der Publikation aber besondere Bestimmung treffen. Reskr. v. 27. Juli 1818. Jahrbuch Band 14 pag. 5.

[2] Unter dem Ausdrucke „meine Kinder" sind Adoptivkinder nicht mit begriffen, wenn der Testator eigene eheliche Kinder hat. Auch — unter dieser Voraussetzung — nicht uneheliche Kinder, sollten sie auch in seiner Familie sich befunden haben. Hat der Testator keine ehelichen Kinder, so kommt alles auf Willensauslegung an. (Koch.)

A. L.R. I, 12 § 527. Hat der Erblasser den Kindern eines andern ohne weitere Bestimmung etwas vermacht, so gebührt dasselbe denjenigen, welche zur Zeit des Erbanfalls geboren oder im Mutterleibe vorhanden waren.

§ 528. Auch in diesem Falle treten die weiteren Abkömmlinge solcher Kinder, die vor dem Erblasser verstorben sind, in Beziehung auf das Vermögen soweit an die Stelle ihrer Eltern, als sie dazu bei dem Nachlasse ihrer eigenen Großeltern oder weiteren Ascendenten berechtigt sein würden.

§ 529. Doch gilt auch dieses nur von solchen weitern Abkömmlingen, welche bei dem Tode des Testators schon geboren oder im Mutterleibe vorhanden sind.

§ 530. Hat der Erblasser den Kindern eines Dritten einen gewissen Genuß bestimmt, welcher ganz oder zum Theil erst in künftigen Zeiten fällig wird, so nehmen auch die nachgeborenen Kinder daran Theil.[1]

§ 532. Hat der Erblasser etwas für eine gewisse Familie auf künftige Zeiten bestimmt, so ist dergleichen Verordnung der Errichtung eines Familien-Fidei-Kommisses gleich zu achten.

---

Unter „eigenen Kindern des Erblassers" sind die Stiefkinder desselben nicht zu verstehen. Erk. des O.Tr. vom 17. März 1852.

Bei einer Erblasserin sind unter dem Ausdruck „Kinder" auch die unehelichen zu verstehen. Erk. des O.Tr. vom 30. März 1862.

[1] Der § 531 A. L.R. I, 12:

Erhellet aus der Disposition oder kann sonst hinlänglich erwiesen werden, daß es der Wille des Testators gewesen sei, durch ein Legat zugleich die Kinder des Legatarii zu bedenken, so treten, wenn auch der Legatarius vor dem Testator gestorben ist, die Kinder desselben, so weit sie seine Erben geworden sind, an seine Stelle;

findet auch auf Erbeseinsetzungen Anwendung, wenn sich in dem Testamente selbst Anhaltspunkte dafür ergeben, daß der Testator auch die Kinder des substituirten Erben an dessen Stelle hat berufen wollen. Erk. des O.Tr. v. 17. Jan. und 19. Juny 1868.

**A. L.R. I,** 12 § 534. Ein ohne weitere Bestimmungen gegebenes Verbot des Verkaufs enthält eine Willenserklärung des Erblassers, daß die Sache bei der Familie des Erben oder Legatarii bleiben solle.

§ 535. Unter dem Verbote des Verkaufs ist jede andere Veräußerung und Verpfändung begriffen.

§ 546. Ist die Person des Legatarii bloß durch ein Verhältniß gegen den Erblasser bezeichnet, so kann nur der, welcher zur Zeit des Todes in einem solchen Verhältnisse mit dem Erblasser gestanden hat, das Legat von dem Erben fordern.

§ 530. Wenn eine verheirathete oder verlobte Person ihrem Ehegatten oder Verlobten ohne weitern Beisatz etwas vermacht, so hat Derjenige, welcher erst nach errichtetem Testamente in eine solche Verbindung mit dem Erblasser getreten ist, auf das Vermächtniß keinen Anspruch.

§ 551. Wenn eine noch unverheirathete oder unverlobte Person ihrem Ehegatten oder Verlobten etwas vermacht hat, so ist darunter diejenige Person zu verstehen, welche mit dem Testator zur Zeit seines Ablebens solchergestalt verbunden ist.

§ 552. Eben dieselben Auslegungsregeln finden statt, wenn dem Ehegatten oder Verlobten eines Dritten ohne weitere Bestimmung etwas vermacht worden.

A. § 168 zu § 689 A. L.R. II, 18. Die dem überlebenden Ehegatten eingeräumte freie Disposition des Vermögens begreift das Recht, die Substanz zu vermindern oder zu verzehren, nicht in sich.

### 2) Erbeinsetzung.[1]

**A. L.R. I,** 12 § 47. Der Erblasser kann die Person des

---

[1] In vorbehaltenen Codicillen darf die in dem Testamente ge-

Erben oder Legatarii durch bloße Beziehung auf einen anderen Aufsatz bezeichnen.

§ 48. Ein solcher Aufsatz muß aber dem Testamente selbst, allenfalls besonders versiegelt, beigelegt werden.

§ 49. Der Willkür eines Dritten kann die Ernennung eines Erben oder Legatarii nicht überlassen werden.[1]

§ 254. Hat Jemand einer oder mehrern Personen seinen Nachlaß dergestalt beschieden, daß die Absicht, ihnen den ganzen Inbegriff desselben allein zuwenden zu wollen, daraus erhellet, so sind die gesetzlichen Erben für gänzlich ausgeschlossen zu achten.

§ 256. Hat aber der Erblasser nicht über das Erbrecht selbst, sondern ausdrücklich nur über gewisse Stücke, Summen oder Antheile seines Nachlasses verordnet, so gelangt das Erb-

---

schehene Erbeinsetzung nicht geändert werden. Pr. des O.Tr. vom 17. Oktober 1842.

[1] Ist aber die Ernennung klar und bestimmt, d. h. soll darin ein Dritter den Willen des Testators nicht ergänzen, so ist die Willensfreiheit des Testators darin unbeschränkt, gewisse Modalitäten in Beziehung auf die Verabfolgung, selbst die Entziehung der Zuwendung unter Angabe der Voraussetzung, z. B. sittliche Aufführung, Wirthlichkeit, in das Ermessen eines Dritten zu stellen. Vergl. Erk. des O.Tr. vom 25. Juny 1858.

Eine Erbeinsetzung dahin:

Sollte einer meiner Notherben dieses Testament mit Erfolg angreifen, so bestimme ich ausdrücklich, daß derselbe nur den Pflichttheil erhalten soll;

ist nach Preußischem Recht gültig. Erk. des O.Tr. vom Jahre 1858. Arch. 31, 205.

Die Verordnung der testirenden Eltern, daß eins der von ihnen zu Erben eingesetzten Kinder ihr ganzes beiderseitiges Vermögen allein übernehmen und an seine Geschwister eine bestimmte Geldsumme zahlen, die Wahl des Uebernehmers aber durch einen bestimmten Dritten geschehen, und daß das hiermit nicht zufriedene Kind auf den Pflichttheil eingesetzt sein solle, verstößt nicht gegen die Bestimmung des § 49. Erk. des O.Tr. v. 17. July 1857.

recht auf die gesetzlichen Erben, und diesen fällt Alles zum Nachlasse Gehörende, soweit darüber nicht verfügt ist, anheim.

A. L.R. I, 12 § 257. Es ändert darunter nichts, wenn auch der Testator Diejenigen, welchen er dergleichen bestimmte Theile, Stücke oder Summen zuwendet, Erben genannt hat.

§ 258. Vielmehr sind dieselben im Verhältnisse gegen den Intestaterben immer nur als Legatarii zu betrachten.[1]

§ 259. Ist Jemand nur von einer gewissen Zeit an, oder nur bis zu einer gewissen Zeit zum Erben eingesetzt worden, so wird dergleichen Verordnung als eine fideikommissarische Substitution betrachtet.

§ 260. Im ersten Falle ist der Testaments-, sowie im letztern der gesetzliche Erbe für substituirt zu achten.

§ 261. Sind ohne nähere Bestimmung mehrere Personen zu Erben eingesetzt worden, so erwerben sie die Erbschaft zu gleichen Theilen.[2]

---

[1] Das Verhältniß eines Legatars hat zwei Beziehungen, eine zu den Erben und eine zu den Erbschaftsgläubigern. Eine auf eine bestimmte Sache, Summe oder Quote eingesetzte Person — wenn das Testament im Uebrigen über den Nachlaß als Inbegriff nicht verfügt — ist im Verhältniß zum Erben nur Legatar, Erbe aber ist der Intestaterbe. Das bedeutet: der im Testamente Berufene ist nicht Miteigenthümer der Erbschaft, er nimmt nicht Theil am Zuwachsrecht, er hat nur ein Forderungsrecht gegen den Erben auf die ihm zugewendete Sache oder Summe. Die vermachte Quote begreift gleichfalls eine Summe (Quantum). Das Quantum wird gefunden durch Veranschlagung aller in der Erbschaft vorhandenen geldwerthen Gegenstände nach ihrem Geldwerthe und durch Abzug aller Schulden und Kosten. Der Theil von dem verbleibenden Ueberschusse, welcher der vermachten Quote entspricht, ergiebt das Quantum, womit der Legatar für immer abgefunden wird. Aber weil ein so berufener nicht Miteigenthümer vom Ganzen, von der Universitas wird, tritt er auch nicht als Fortsetzer des Erblassers, als Rechtssubjekt von diesem Inbegriffe auf, folglich tritt er nicht in dessen Schuldverhältnisse. (Koch.)

[2] Es macht keinen Unterschied, wenn die Testamentserben in Er-

A. L.R. I, 12 § 262. Ist einem der Miterben vor den übrigen eine bestimmte Sache oder Summe vorausbeschieden worden, so wird er in Ansehung dessen als ein Legatar angesehen.

§ 263. Ebenso wird Derjenige, welchem nur eine bestimmte Sache oder Summe im Testamente zu seinem Erbtheile ausdrücklich angewiesen worden, im Verhältnisse gegen die übrigen Erben als ein bloßer Legatarius betrachtet.[1]

§ 264. Hat der Testator durch eine unter seinen eingesetzten Erben regulirte Theilung den Nachlaß nicht völlig erschöpft, so fällt das übrige sämmtlichen wirklich eingesetzten Miterben anheim. (§§ 254. 255.)[2]

§ 265. Wenn die mehrern Erben in gewisse nur im Verhältnisse gegen das Ganze bestimmte Theile oder Quoten eingesetzt sind, erwerben sie einen solchen Anfall nach Verhältniß dieser Erbtheile.[3]

§ 266. Wenn aber der Erblasser ohne Bestimmung von Erbquoten den ganzen Nachlaß bis auf einen solchen Ueberrest unter die mehreren Erben vertheilt hat, so haben dieselben an diesen Ueberrest gleichen Anspruch.

---

mangelung eines Testaments auch gesetzlich, und zwar zu andern Verhältnißtheilen gerufen sein würden. (Koch.)

[1] Pr. des O.Tr. vom 30. April 1847.

Derjenige, dem nur eine bestimmte Sache oder Summe im Testamente zu seinem Erbtheile ausdrücklich angewiesen worden, ist nicht bloß im Verhältniß gegen die übrigen Erben, sondern auch im Verhältniß zu den Nachlaßgläubigern als bloßer Legatar zu betrachten.

[2] Die Bezugnahme auf die §§ 254 und 255 ergiebt, daß die Absicht des Testators erhellen muß, er habe seine Intestaterben ganz ausschließen wollen. (Koch.)

[3] Und es gewiß ist, daß die Intestaterben nichts haben sollen. (Koch.)

A. L.R. I, 12 § 267. Erben, die bloß als Legatarii zu betrachten sind (§ 263), bleiben von der Theilnehmung an einem solchen Anfalle ausgeschlossen.

§ 268. Hat der Testator einen oder etlichen von den eingesetzten mehreren Erben ihre Erbportionen ausdrücklich angewiesen, andern aber keinen dergleichen Antheil bestimmt, so erhalten letztere den Ueberrest und zwar, wenn ihrer mehrere sind, zu gleichen Theilen.

§ 269. Hat der Testator die Masse durch Bestimmung von Erbquoten dergestalt erschöpft, daß für Den, oder Diejenigen, deren Antheil unbestimmt geblieben ist, nichts mehr übrig sein würde, so müssen die andern Miterben, dem= oder denselben, nach Verhältniß ihrer Antheile so viel abgeben, als erforderlich ist, sie Demjenigen gleichzusetzen, dem im Testamente der kleinste Antheil beschieden worden.

§ 270. Sind die Erbquoten der übrigen Erben gleich groß bestimmt, so müssen sie an den, dessen Antheil unbestimmt geblieben ist, soviel abgeben, daß er mit jedem von ihnen gleichviel erhalte.

§ 271. Prälegate, welche einem oder dem andern der übrigen Erben ausgesetzt sind, kommen bei der Ausgleichung gar nicht in Anschlag.

§ 272. Hat der Erbe, dessen Erbtheil in dem Falle des § 269 unbestimmt geblieben ist, einen Pflichttheil zu fordern, so muß ihm dieser ohne Rücksicht: ob er mehr oder weniger als der Erbtheil des am mindesten begünstigten Miterben beträgt, ergänzt werden.

§ 273. Ist in dem Falle des § 269 dem ohne nähere Bestimmung eingesetzten Erben eine Sache oder Summe aus dem Nachlasse als Prälegat beschieden, so erhält er dennoch seinen

Antheil nach eben dieser Bestimmung, ohne Anrechnung des Prälegats.

**A. L.R. I, 12** § 274. Uebrigens finden die Vorschriften des § 269—273 Anwendung, wenn gleich der Testator einen solchen Erben nur ausdrücklich in den Ueberrest eingesetzt, oder alle Abzüge von den Antheilen der übrigen Miterben ausdrücklich verboten hätte.

§ 275. Wenn aber der Testator einigen nicht in gewissen Quoten eingesetzten Erben so viel einzelne Stücke oder Summen angewiesen hat, daß der Nachlaß dadurch ganz erschöpft wird und für die andern Miterben nichts übrig bleibt: so können Letztere von ihren mit einzelnen Stücken oder Summen bedachten Miterben keine Abgabe verlangen.

§ 276. Vielmehr findet in einem solchen Falle eben das Statt, was verordnet ist, wenn der Nachlaß durch Vermächtnisse erschöpft worden.

§ 277. Ist nur ein Erbe ernannt worden, und kann oder will derselbe nicht Erbe sein: so fällt in Ermangelung eines Substituten der ganze Nachlaß an die Intestaterben.

**A. L.R. II, 2** § 443. Ist aber ein im Testamente eingesetztes Kind vor dem Erblasser verstorben: so treten dessen Abkömmlinge ganz an seine Stelle, wenn auch ihrer im Testamente nicht ausdrücklich gedacht wäre.

**A. L.R. I, 12** § 278. Ein Gleiches geschieht, wenn zwar mehrere Erben eingesetzt sind, diese aber insgesammt die Erbschaft nicht annehmen können oder wollen, und kein auf diesen Fall ernannter Substitut vorhanden ist.

§. 279. In beiden Fällen (§ 277 und 278) treten die Intestaterben nur an die Stelle der eingesetzten Erben, und müssen gleich diesen den Verordnungen des Erblassers in Ansehung der Vermächtnisse und sonst Genüge leisten.

A. L.R. I, 12 § 280. Nur wenn die Verordnung des Erblassers eine bloß auf die Person des eingesetzten Erben sich beziehende Handlung betrifft, kann der an seine Stelle tretende gesetzliche Erbe, weder zu dieser Handlung, noch zu einer dafür zu leistenden Vergütung angehalten werden.

§ 281. Wenn hingegen von mehreren ernannten Miterben nur einer oder der andere nicht Erbe sein kann oder will, so wächst der solchergestalt erledigte Erbtheil in Ermangelung eines Substituten den übrigen Erben zu.

§ 282. Dieser Zuwachs geschieht nach eben dem Verhältnisse, nach welchem der Hauptnachlaß vermöge des Testaments oder vermöge der Gesetze unter die Miterben zu vertheilen ist. (§ 261 sqq.) [1]

§ 283. Erben, die nur als Legatarii betrachtet werden müssen, haben an dergleichen Zuwachse keinen Antheil.[2]

§ 284. Sachen und Rechte, welche mehreren Erben zusammen auf ihre Erbportionen ungetheilt angewiesen worden, fallen beim Abgange des einen dieser Mitgenossen nur den andern mit Ausschließung der übrigen Erben anheim.

§ 285. Hat der Testator den Zuwachs ausdrücklich verboten, so fällt die erledigte Erbportion jedesmal an den Intestaterben.

---

[1] Jeder von mehreren Miterben ist auf das Ganze berufen. Lex 80 Dig. de leg. III Conjunctim heredes institui — hoc est, totam hereditatem singulis datam esse, partes autem concursu fieri.

[2] An dergleichen sich auf die Erbschaft als Ganzes beziehenden Zuwachs. Bei Collegataren gilt in Beziehung auf das Legat derselbe Grundsatz, wie bei den Erben.

### 3) Vermächtniß.

A. L.R. I, 12 § 294. In Ermangelung näherer von dem Erblasser festgesetzter Bestimmungen kann der Legatarius die Uebergabe oder Auszahlung des Vermächtnisses gleich nach dem Ablaufe der gesetzmäßigen Deliberationsfrist fordern.

§ 302. Sind in einem Testamente gewisse jährlich oder sonst zu einer bestimmten Zeit wiederkehrende Hebungen zum Vermächtnisse beschieden: so wird die Zeit der zu leistenden Abgabe von dem Todestage des Erblassers an gerechnet.[1]

---

[1] Diese unvollständige Bestimmung über das s. g. legatum annum wird aus dem römischen Rechte ergänzt werden müssen. Die erste Frage ist: ob die Hebungen an die Lebenszeit des Legatars gebunden sind, oder auf dessen Erben übergehen. Dieß hängt davon ab, ob die Zuwendung für ein eigenes Vermächtniß, welches nur zur Erleichterung des Erben terminsweise gezahlt werden soll, oder für soviele Vermächtnisse als Hebungstermine eintreten, angesehen werden muß.

Ist das zweite der Fall, so macht nicht allein der Tod des Legatars dem Legat ein Ende, sondern es muß auch bei Eintritt eines jeden Hebungstermins die Fähigkeit des Legatars, aus letztwilligen Verordnungen zu erwerben, vorhanden sein und das Legat besonders erworben werden. Das römische Recht sieht in solchem Vermächtnisse eine Reihe einzelner verschiedener Legate, läßt jedes für sich besonders erwerben, und das Ganze mit dem Tode des Legatars erlöschen und nur die bereits erlebten (erworbenen) Termine auf die Erben transmittiren. Aus § 420 und § 424 A. L.R. I, 12 ist zu entnehmen, daß das A. L.R. eben dieselben Grundsätze voraussetzt. Die zweite Frage ist die nach dem Anfangstermine, d. h. nach dem Tage, wo die erste Hebung erworben und fällig ist und gefordert werden kann. Der § sagt: Die Zeit der zu leistenden Abgabe wird von dem Todestage des Erblassers an gerechnet. Das kann heißen: die Zeit fängt von da zu laufen an, nach deren Verlauf die Hebung fällig wird; es kann auch heißen sollen: Der dies cedens der ersten Hebung ist mit dem Todestage eingetreten. Bis auf die Zeit des A. L.R. war das Zweite Rechtsgrundsatz (lex 12 § 3 D. quando dies XXVI, 2) und in der Fassung unseres § 302 liegt keine Aenderung cf. § 61 A. L.R. I, 16. (Koch.)

A. L.R. I, 12 § 303. Ist aber Jemandem der Gebrauch oder Genuß eines Grundstücks, Gebäudes oder andern bestimmten Sache vermacht, so kann er denselben nur von Ablauf der gesetzmäßigen Ueberlegungsfrist fordern.

§ 304. Von vermachten Geldzinsen, Zehenten und andern dergleichen festen Hebungen gebühren dem Legatario nur die nach dem Tode des Erblassers fälligen Termine.

§ 312. Die Uebergabe oder Verabfolgung des Legats muß, wenn eine entgegengesetzte Willensmeinung des Testators nicht erhellet, auf Kosten des Legatarii erfolgen.

§ 325. Der Legatarius muß die vermachte Sache mit allen, bei dem Ableben des Erblassers darauf haftenden Lasten übernehmen, wenn nicht der Testator ein anderes ausdrücklich verordnet hat.

§ 326. Ist also die Sache verpfändet oder mit eingetragenen Hypotheken belastet, so muß der Legatarius diese Lasten ohne Beitrag oder Zuthun der Erben ablösen.

§ 327. Ist die Sache nicht mehreren zugleich verpfändet, so ist der Legatarius nur schuldig, einen Theil des Pfandschillings nach Verhältniß des Werths der Sache zu bezahlen, und kann dagegen den Erben anhalten, daß er die Sache von dem Pfandrechte befreie.

§ 328. Besteht das Vermächtniß in einer bestimmten Geldsumme, so muß der Erbe dieselbe dem Legatario, von Ablauf der Ueberlegungsfrist an, landüblich verzinsen.

§ 332. Außer dem Falle des § 325 ist der Legatarius die Lasten der Erbschaftsmasse übertragen zu helfen nicht schuldig.

§ 333. Der Erbe kann also bloß aus dem Grunde, daß nach Berichtigung der Schulden und Vermächtnisse für ihn kein Erbtheil übrig bleibt, dem Legatarius keine Abzüge machen.

A. L.R. I, 12 § 368. War ein Vermächtniß mehreren Personen zugleich und ungetheilt beschieden, so wächst der ausfallende Antheil des einen, in Ermangelung eines Substituten, den übrigen Mitgenossen zu.

§ 372. Doch fallen, wenn der Testator den Zuwachs unter den Legataren verboten hat, die erledigten Vermächtnisse nicht an den Intestat-, sondern an den Testamentserben.

§ 374. Auch das besondere Eigenthum des eingesetzten Erben kann der Testator einem Dritten vermachen.

§ 376. Gehört die Sache einem von mehreren Miterben und das Vermächtniß ist nicht ausdrücklich diesem allein auferlegt, so muß ihm der gemeine Werth der Sache aus der Erbschaftsmasse ersetzt werden.

§ 378. Will der dritte Besitzer der vermachten Sache dieselbe dem Legatario gar nicht oder nur gegen unverhältnißmäßige Bedingungen überlassen, so muß der Erbe dem Legatario den durch Sachverständige ausgemittelten außerordentlichen Werth vergüten.

§ 386. Werden Sachen vermacht, die vom Verkehre gänzlich ausgeschlossen sind, so ist ein solches Vermächtniß unkräftig.

§ 388. Hat der Testator eine aus mehreren Sachen dergestalt vermacht, daß nothwendig eine Wahl stattfinden muß, so gebühret diese Wahl dem Erben, insofern nicht aus der Fassung der Disposition klar erhellet, daß sie der Legatarius haben solle.

§ 401. Der, welchem eine gewisse Gattung von Sachen ohne Bestimmung der Qualität und Quantität vermacht worden, erhält alle Stücke, welche sich von derselben Gattung zur Zeit des Todes im Nachlasse befunden haben.[1]

---

[1] Die Bestimmung ist aus lex 7 pr. D. de tritico (33, 6) fast

A. L.R. I, 12 § 402. Doch bleiben Stücke davon ausgenommen, die als Pertinenzstücke oder Inventarien eines Landguts oder Gebäudes anzusehen sind, sobald der Wille des Testators, daß der Legatarius auch diese haben solle, nicht klar erhellet.

§ 403. Hat der Testator Jemandem ein Stück von einer gewissen Gattung ohne weitere Bestimmung vermacht, und es findet sich dergleichen im Nachlasse nicht, so muß der Erbe dem Legatario ein solches Stück anschaffen.

§ 407. Zu vermachten flüssigen Sachen gehören auch die Gefäße, in welchen sie verkauft oder verführt zu werden pflegen.

§ 408. Ist Jemandem eine bestimmte Schuldforderung vermacht worden, so gebührt ihm das Kapital nebst allen nach dem Tode des Erblassers fälligen Zinsen.

§ 409. Ist die Schuld unrichtig oder der Schuldner unvermögend, so trifft der Verlust den Legatarium.

---

mit denselben Ausdrücken aufgenommen. Dieß berechtigt uns auch die daran geknüpften Entscheidungen über die Frage: was unter gewissen Umständen dazu gehöre, oder nicht gehöre, als Rechtswahrheiten für uns gelten zu lassen, wenn nicht landrechtliche Grundsätze entgegenstehen. Darnach gehören nicht dazu solche Stücke, welche der Erblasser zwar zu fordern, aber noch nicht übergeben erhalten hat (lex 27 § 2 D. de auro 34, 2); ferner nicht solche, welche derselbe bereits veräußert aber noch nicht abgeliefert hat (lex 30 § 4 D. de leg. III), deshalb, weil es nicht wahrscheinlich ist, daß der Erblasser sich durch die Veräußerung der vermachten Sache hat in die Lage setzen wollen, sich auf die Leistung des Interesses dem Erwerber verurtheilen zu lassen. Dagegen gehören dazu auch solche Stücke, welche sich, ohne den Eigenthümer gewechselt zu haben, nur einstweilen zu einem vorübergehenden Zwecke in fremdem Gewahrsam befinden (lex 34 pr. D. de auro 34, 2), weil sie von dem Erblasser als sein Eigenthum, auf welches Niemand Anspruch hat, hinterlassen sind. — Ist von Sachen der vermachten Gattung gar nichts vorhanden, so gilt das Vermächtniß nicht, weil der Testirer nur das vermachte, was er von der Gattung haben würde, z. B. seine Pferde, sein Silbergeräth. (Koch.)

A. L.R. I, 12 § 414. Ist Jemandem Alles, was in einem gewissen Behältnisse sich befindet, vermacht worden: so werden darunter die Schuldforderungen, worüber die Instrumente darin verwahrt sind, nicht mit begriffen, sobald in dem Behältnisse noch andere Sachen sich befinden, auf welche das Legat gedeutet werden kann.

§ 415. Wohl aber sind unter einem solchen Vermächtnisse Banknoten, Pfandbriefe oder Aktien und andere die Stelle des baaren Geldes vertretende Papiere mit verstanden, wofern nicht eine entgegengesetzte Willensmeinung des Testators klar erhellet.

§ 416. Hat der Testator nur die Zahlung einer vermachten Summe aus einem ausstehenden Kapitale angewiesen, so muß der Erbe diese Zahlung leisten, wenngleich das Kapital von dem Testator nachher eingezogen worden.

§ 417. Ist aber die Schuld unrichtig, oder der Schuldner unvermögend, so ist das Vermächtniß ohne Wirkung.

§ 423. Ist der Gebrauch oder Genuß einer Sache einer Korporation, Gemeine oder andern moralischen Person, ohne Zeitbestimmung zugewendet, so dauert das Vermächtniß nur funfzig Jahre.

§ 424. Hingegen laufen die einer moralischen Person beschiedenen jährlichen oder sonst zu gewissen Zeiten wiederkehrenden Hebungen, soweit als das Legat an sich gültig ist, im Mangel einer näheren Bestimmung, so lange fort, als die moralische Person noch vorhanden ist.

§ 425. Vermacht der Erblasser seinem Schuldner das, was dieser ihm selbst schuldig ist, so ist die Schuld nebst allen vor und nach Errichtung des Testaments angeschwollenen Zinsen für erlassen zu achten.

§ 426. Doch ist dergleichen Erlaß auf Forderungen, die

erst nach dem errichteten Legate entstanden sind, nicht zu beziehen, sobald nicht, daß auch dieses der Wille des Erblassers gewesen sei, klar erhellet.[1]

A. L.R. I, 12 § 427. Für einen Erlaß der Schuld ist es anzusehen, wenn der Testator verordnet hat, daß dem Schuldner seine Verschreibung oder sein Pfand zurückgegeben werden solle.

§ 441. Sind Jemandem, der sich selbst nicht verpflegen kann, Alimente vermacht, so müssen ihm dieselben, so lange er sich in diesem Zustande befindet, gereicht werden.

§ 488. Wenn Jemandem etwas zur Aussteuer oder Ausstattung vermacht worden, so ist ein solcher Beisatz eher für die Bestimmung eines Zweckes als für eine aufschiebende Bedingung zu achten.

## 4) Substitutionen.

A. L.R. I, 12 § 458. Wer einem Erben oder Legatario durch gemeine Substitution nachgesetzt worden, hat, soweit der Testator nicht ein Anderes ausdrücklich verordnet, mit demjenigen, welchem er nachgesetzt ist, gleiche Rechte und Pflichten.

§ 460. Die Fähigkeit oder Unfähigkeit des Substituten wird nach dem Zeitpunkte, wo der Substitutionsfall eintritt, beurtheilt.

§ 466. Bei der fideikommissarischen Substitution hat der

---

[1] Dergleichen Erlaß d. i. ein Erlaß dessen, was der Legatar dem Testator schuldig, ist ein allgemeiner Erlaß. Dieser bezieht sich nur auf die bis zur Errichtung bereits entstandenen Schulden, doch auch auf davon noch nachher auflaufende Zinsen. lex. 31 D. §§. 4. 5 de lib. leg. 34, 3. (Koch.)

eingesetzte Erbe oder Legatarius so lange, bis der Substitutionsfall eintritt, alle Rechte und Pflichten eines Nießbrauchers.[1]

A. L.R. I, 12 § 468. Hat der Testator verordnet, daß die fideikommissarische Substitution nur auf das, was bei eintretendem Falle noch vorhanden sein würde, sich erstrecken solle, so kann der eingesetzte Erbe über die mit der Substitution belegte Substanz zwar unter Lebendigen, aber nicht von Todeswegen verfügen.[2]

§ 469. Auch unter Lebendigen kann er durch Schenkungen, die auf einer bloßen Freigebigkeit beruhen, das Recht des Substituten nicht vereiteln.

§ 470. Der Substitut ist berechtigt, die Vorlegung eines gerichtlichen oder eines eidlich zu bestärkenden Privatinventarii über die ihm bestimmten Sachen zu fordern.

§ 471. Hat der Testator dem Substituten, auf dergleichen Vorlegung anzutragen, ausdrücklich verboten, so ist anzunehmen, daß er denselben nur auf das, was bei dem Ableben des Eingesetzten noch vorhanden sein wird, habe substituiren wollen.

§ 472. Uebrigens finden wegen der Befugnisse des Substituten, Kautionsstellung zu fordern, und wegen der Auseinan-

---

[1] Bei der fideikommissarischen Substitution tritt der Erbe des Substituten an dessen Stelle, auch wenn der Substitut den Substitutionsfall nicht erlebt hat. Präj. des O.Tr. vom 6. August 1838.
Ist über die Zeit der Herausgabe nichts bestimmt, so kann der Fideikommissarius dieselbe sogleich nach Ablauf der Ueberlegungsfrist fordern; ist die Zeit dem Fiduciar freigestellt, so kann die Herausgabe nicht vor dessen Tode gefordert werden. Schlägt der Fideikommissarius die Annahme aus, so behält der Fiduciar die Erbschaft oder das Vermächtniß. (Koch.)

[2] Auch bei diesem Fideikommisse tritt durch die Abtretung desselben die Wiederherstellung der durch die Antretung der Erbschaft Seitens des Fiduciars vermöge Konfusion aufgehobenen Rechte ein. (Koch.)

dersetzung zwischen ihm und dem Haupterben oder Legatario, bei eintretendem Substitutionsfalle, die zwischen dem Nießbraucher und Eigenthümer gegebenen Vorschriften ebenfalls Anwendung.

**A. L.R. I, 12 § 536.** Sind Jemandem mehrere Personen, die ihn auch ohne Testament beerben würden, ohne weitere Bestimmung substituirt worden, so ist die Verordnung unter den Substituirten nach den Regeln der gesetzlichen Erbfolge zu deuten.

§ 538. Hat Jemand seinen Kindern, welche zur Zeit des errichteten Testaments keine Nachkommenschaft hatten, substituirt, so ist anzunehmen, daß die Substitution erloschen sei, wenn das eingesetzte Kind erbfähige Nachkommen erhalten und hinterlassen hat.[1]

**A. L.R. II, 2 § 521.** Eltern sind berechtigt, über das Vermögen, welches die Kinder von ihnen erben, auf den Fall, wenn letztere die Jahre der Mündigkeit nicht erreichen sollten, gleich jedem andern Erblasser, letztwillig zu verordnen.[2]

§ 522. Diese Befugniß erstreckt sich, in Ansehung beider Eltern, auch auf den von jedem derselben dem Kinde hinterlassenen Pflichttheil.

§ 523. Dagegen hat nur der Vater das Recht, über das eigenthümliche Vermögen der Kinder auf den Fall, wenn diese in der Unmündigkeit versterben, dergleichen Substitution zu errichten.

§ 524. Enterbten Kindern kann der Vater solchergestalt

[1] Dieser Fall ist auch vorhanden, wenn der Institut sein uneheliches Kind legitimirt oder adoptirt.

[2] Die Befugniß zur Anordnung einer Pupillar-Substitution steht nur den Eltern, nicht den Großeltern und den entfernteren Verwandten in der aufsteigenden geraden Linie zu. Pr. des O.Tr. v. 25. Juny 1838.

nur alsdann substituiren, wenn die Enterbung nach § 419 sqq. aus guter Absicht geschehen ist.

**A. L.R. II, 2 § 525.** Die § 523 beschriebene Substitution kann der Vater in seiner eigenen letztwilligen Verordnung errichten, wenn diese mit den Förmlichkeiten eines Testaments versehen ist.

§ 526. Er kann aber auch ein besonderes Testament für sich und ein besonderes für das Kind errichten.

§ 527. Selbst wenn er über seinen eigenen Nachlaß ein Testament zu hinterlassen nicht nöthig findet, kann er dennoch für das Kind in einer besonderen letztwilligen Verordnung verfügen.

§ 528. Auch wenn die Verfügung des Vaters über seinen eigenen Nachlaß und über das Vermögen des Kindes nur in Einer Verordnung enthalten ist, wird dennoch jede dieser Verfügungen als eine für sich selbst bestehende Disposition angesehen.

§ 530. Denjenigen, welchen ein Pflichttheil aus dem Nachlasse des Kindes gebühret, kann ihr gesetzlicher Erbtheil auch in einer von dem Vater für das Kind errichteten Disposition nicht genommen oder geschmälert werden.[1]

§ 531. Doch kann der Vater einem solchen nothwendigen Erben auch den Pflichttheil aus dem Nachlasse des Kindes wegen solcher Ursachen entziehen, aus welchen das Kind selbst, wenn es letztwillig verfügen könnte, zur Enterbung berechtigt sein würde.

---

[1] Denjenigen Anverwandten, welchen ein Zwangserbrecht zusteht, soll durch den Willen des Vaters des Erblassers von ihrem gesetzlichen Erbtheile nichts entzogen werden. Die Beschränkung in § 530 bezieht sich sowohl auf den § 522 als auf den § 523. Erk. des O.Tr. vom 25. März 1861.

A. L.R. II, 2 § 532. Hat das Kind Geschwister voller oder halber Geburt oder Geschwister-Kinder, so kann der Vater, außer dem Falle des § 531, keins derselben von der gesetzlichen Erbfolge ganz ausschließen.

§ 533. Er kann aber den Nachlaß des Kindes unter sie auch ungleich vertheilen.

§ 534. Doch muß er jedem derselben wenigstens die Hälfte desjenigen lassen, was ihm nach den Regeln der gesetzlichen Erbfolge zukommen würde.

§ 537. Fremden, mit dem Kinde in gar keiner Blutsverwandtschaft stehenden Personen, kann der Vater den Nachlaß weder ganz noch zum Theil zuwenden.

§ 540. Ebenso verliert dergleichen Verordnung ihre Kraft, sobald das Kind, für welches sie errichtet worden, die Jahre der Unmündigkeit zurückgelegt hat.

§ 543. Wenn der, welcher in den Nachlaß des Kindes substituirt worden, vor dem Kinde verstirbt, so geht das Recht aus der Substitution auf seine Erben nicht über.

§ 544. Alles, was vorstehend von der Befugniß des Vaters, dem Kinde in sein eigenthümliches Vermögen, mit Inbegriff des von ihm ererbten Pflichttheils zu substituiren, verordnet ist, gilt auch von der Mutter in Ansehung des von ihr dem Kinde verlassenen Pflichttheils. (§§ 525—543.)

§ 545. Für Kinder, welche wegen Wahn- oder Blödsinns eine eigene letzte Willensverordnung nicht errichten können, ist der Vater ebenso auf ihren Todesfall zu verfügen berechtigt.[1]

---

[1] Es kommt bloß auf das physische Hinderniß der Geisteskrankheit, nicht auf die Bevormundung an. Ein andere Frage ist die Beweisführung. (Koch.)

**A. L.R. II,** 2 § 546. Ein Gleiches gilt von Tauben und Stummen, insofern sie selbst ein Testament zu errichten unfähig sind.

§ 547. Ist eine solche Unfähigkeit der Kinder, selbst letztwillig zu verordnen (§§ 545, 546), bei dem Ableben des Vaters wirklich vorhanden, so gilt die Substitution, auch wenn zu der Zeit, da sie errichtet wurde, dergleichen Unfähigkeit noch nicht dagewesen wäre.

§ 549. Soweit der Vater wahn= oder blödsinnigen, oder taubstummen Kindern in ihren Nachlaß substituiren kann, soweit kommt diese Befugniß auch der Mutter zu, wenn der Vater von seinem Rechte keinen Gebrauch gemacht hat.

§ 550. Bei dieser Art der Substitution (§ 545 sqq.) muß übrigens alles das beobachtet werden, was vorstehend auf den Fall der Unmündigkeit verordnet ist.

§ 551. Dergleichen Substitution verliert ihre Kraft, wenn das Kind mit Hinterlassung einer Ehefrau oder ehelicher Abkömmlinge verstirbt.[1]

§ 552. Ein Gleiches geschieht, wenn das Kind wieder zu Verstande kommt und daher der Vormundschaft entlassen wird.

### 5) Bedingung.

**A. L.R. I,** 12 § 480. Zwischen dem Intestaterben, oder dessen Kurator, und dem bedingt eingesetzten Testamentserben findet alsdann eben das Verhältniß statt, wie zwischen dem eingesetzten und dem fideikommissarisch nachgesetzten Erben. (§ 466 sqq.)

---

[1] Der Satz gilt auch von unehelichen Kindern einer geisteskranken Tochter. (Koch.)

A. L.R. I, 12 § 485. Soweit überhaupt ein unter Bedingung eingeräumtes Recht auf die Erben des Berechtigten übergehen kann, soweit findet ein Gleiches zu Gunsten der Erben des bedingungsweise eingesetzten Erben oder Legatarii statt. (Tit. 4 §§ 161. 162.)

A. L.R. I, 4 § 161. In allen Fällen, wo das Recht selbst, welches den Gegenstand der Willenserklärung ausmacht, auf die Erben übergehen kann, treten diese auch in Ansehung der Befugniß, die Bedingung, oder den Zweck zu erfüllen, in die Rechte des Erblassers.[1]

§ 162. Ist aber die Bedingung oder der Zweck an die Person des Berechtigten gebunden und stirbt dieser vor der Erfüllung, so verliert die Erklärung selbst ihre Wirksamkeit.[2]

A. L.R. I, 12 § 486. Was vorstehend von der aufschiebenden Bedingung verordnet ist (§§ 478—485) gilt auch alsdann, wenn Jemandem eine Erbschaft oder Vermächtniß nur von einem gewissen Tage an beschieden worden.[3]

§ 488. Wenn Jemandem etwas zur Aussteuer oder Ausstattung vermacht worden, so ist ein solcher Beisatz eher für die Bestimmung eines Zweckes, als für eine aufschiebende Bedingung zu achten.

§ 489. Ist eine Erbschaft oder ein Vermächtniß unter

---

[1] Ohne Unterschied, ob die gestellte Bedingung eine Potestativ- oder eine Kasualbedingung ist. Erk. des O.Tr. v. 25. Jan. 1854.

[2] Dies ist z. B. der Fall, wenn der bäuerliche Gutsabtretende in dem Uebertrags- und Altentheilsvertrage seinen übrigen Kindern gegen den Gutsübernehmer eine Abfindung an Geld und Naturalien bei deren Verheirathung oder erreichtem 30. Lebensjahre ausbedingt und bis zum Tode des berechtigten Kindes keiner dieser beiden Fälle eingetreten ist: dann geht die Abfindung auf dessen Erben nicht über. Erk. des O.Tr. vom 30. Juny 1856.

[3] D. h. einem unbestimmten. (Koch.)

einer auflösenden Bedingung verlassen, so steht der Erbe oder Legatarius gegen den, welchem bei dem Eintritte der Bedingung die Erbschaft oder das Vermächtniß nach der Verordnung des Testators, oder nach den Gesetzen anheimfällt, in eben dem Verhältnisse, wie der eingesetzte Erbe oder Legatarius gegen den fideikommissarischen Substituten. (§ 466 sqq.)

A. L.R. I, 12 § 498. Ist mehreren zusammengenommen eine Bedingung aufgelegt worden, welche von einem derselben nach der aus der Verordnung und den Umständen erhellenden Absicht des Erblassers vollständig erfüllt werden kann, so kommt die von einem unter ihnen geleistete Erfüllung den übrigen zu statten.

§ 499. Soll die Erfüllung von allen geleistet werden und das Vermächtniß ist dem ganzen Inbegriffe der Legatarien zugedacht, so wächst der Antheil der Nichterfüllenden den übrigen zu.

§ 500. Hat aber der Testator den Antheil eines jeden an dem Legate ausdrücklich bestimmt, so fällt die Portion des Nichterfüllenden in den Nachlaß zurück.

§ 504. Nach eben diesen Vorschriften (§ 126 sqq. A. L.R. I, 4) ist auch die Wirkung der einer Erbeseinsetzung oder einem Vermächtnisse beigefügten unmöglichen Bedingung zu beurtheilen.

A. L.R. I, 4 § 126. Durch Beziehung auf Ereignisse, welche nach dem natürlichen Laufe der Dinge nothwendig eintreffen müssen, wird eine Willenserklärung nicht bedingt.

§ 127. Wird das eingeräumte Recht daran gebunden, daß ein dergleichen Ereigniß eintreten soll, so ist dieses für eine Zeitbestimmung zu achten.

§ 128. Wird aber das Recht von dem Nichteintreffen

eines solchen nothwendigen Ereignisses abhängig gemacht, so ist die Willenserklärung nichtig.

**A. L.R. I, 4** § 129. Kann ein Ereigniß entweder nach dem natürlichen Laufe der Dinge überhaupt, oder nach den besonderen Beschaffenheiten und Verhältnissen desjenigen, dem die Bedingung gemacht worden, nicht eintreffen, so wird die Bedingung selbst unmöglich genannt.

§ 130. Ist eine unmögliche Bedingung in der Art, daß solche nicht eintreffen solle, beigefügt, so wird die Erklärung für unbedingt geachtet.

§ 131. Wird aber das Recht von dem Eintreffen der unmöglichen Bedingung abhängig gemacht, so wird dadurch die ganze Willenserklärung entkräftet.

§ 132. Ein Gleiches geschieht, wenn Bedingungen beigefügt worden, deren Sinn und wie sie erfüllt werden sollen, ganz unverständlich ist.

**A. L.R. I, 12** § 507. Ist ein Vortheil, der einem Dritten verschafft werden soll, zur Bedingung gemacht, so findet die Vorschrift Titel 4 §§ 112. 113 Anwendung.[1]

§ 516. Sind nicht bestimmte Handlungen zu thun oder zu lassen anbefohlen worden, so können die nach Art einer Bedingung abgefaßten allgemeinen Ermahnungen zur Tugend, Ordnung, Sparsamkeit u. s. w. den Erben oder Legatarium nur in seinem Gewissen verbinden.

§ 517. Hat aber der Erblasser das Betragen des Erben

---

[1] **A. L.R. I, 4** § 112. Ist ein Vortheil, der einem Dritten verschafft werden soll, zur Bedingung gemacht worden, so muß auch diese schlechterdings erfüllt werden.

§ 113. Es kommt also dem bedingungsweise Berechtigten nicht zu statten, wenngleich der Dritte den Vortheil ausschlägt, oder sich selbst an dessen Erlangung hindert.

oder Legatarii der Aufsicht gewisser Personen unterworfen, und von diesen wird ein dem Willen des Testators offenbar zuwider laufendes Betragen des Begünstigten dem Richter angezeigt und nachgewiesen, so geht nach einer fruchtlos erfolgten gerichtlichen Warnung die Erbschaft oder das Vermächtniß verloren.

### 6) Zweck.

**A. L.R. I, 12 § 508.** Erhellet aus der Fassung der letztwilligen Verordnung oder aus den Umständen, daß der Erblasser bei Demjenigen, was er dem Legatario oder dem Erben aufgelegt, den eigenen Vortheil desselben zur Absicht gehabt habe, so ist eine solche Bestimmung nur für einen Zweck zu achten.

§ 509. Auch der Endzweck, zu welchem Jemanden ein Vortheil zugedacht worden, muß in der Regel von demselben erfüllt werden.

§ 510. Kommt der Erbe oder Legatarius zu dieser Erfüllung durch eigenes Verschulden außer Stande, so verliert er den ihm zugedachten Vortheil.[1]

### 7) Testamentsexekutor.

**A. L.R. I, 12 § 557.** Hat der Erblasser Jemandem die Vollziehung seines letzten Willens aufgetragen, so ist derselbe als ein Bevollmächtigter des Erblassers und die letztwillige Verordnung selbst als seine Vollmacht und Instruktion anzusehen.[2]

---

[1] Unverschuldete Nichterfüllung des Modus schadet nicht. Darin liegt der Unterschied zwischen Zweck und Bedingung. (Koch.)

[2] Ehefrauen bedürfen der Genehmigung ihrer Ehemänner. (Koch.) Streitig ist, ob die Ernennung eines Testamentsexekutors nur in einem Testamente, oder auch in einem Codicille erfolgen kann. Koch hält gar keine besonderen Feierlichkeiten für nothwendig, sondern verlangt nur Gewißheit des Willens.

A. L.R. I, 12 § 558. Ist mit dieser Vollziehung zugleich die Verwaltung des Nachlasses ganz oder zum Theil verbunden, so ist der Vollzieher in so weit als ein Vertreter fremder Güter zu betrachten.[1]

## 8) Enterbung.

### a. der Kinder.

A. L.R. II, 2 § 431. Alle letztwillige Verfügungen, wo=

---

Der Testamentsexekutor ist Quittungs- und Löschungskonsens über gekündigte Hypothekenkapitalien nicht anders auszustellen befugt, als wenn das Testament ihn hierzu ausdrücklich autorisirt hat. Erk. des O.Tr. vom 4. Januar 1839.

Zu Cessionen von Nachlaßforderungen bedarf der Testamentsexekutor einer besonderen ausdrücklichen Ermächtigung. Erk. des O.Tr. vom 1. November 1845.

Der Auftrag: „Die Theilung des Nachlasses unter den Erben „zu leiten"" verleiht nur diejenigen formellen Befugnisse, die in dem Begriffe der Leitung eines Geschäfts enthalten sind, wohin aber auf keine Weise irgend eine Entscheidung über materielle Rechte der Erben, namentlich die Feststellung der Höhe der Erbtheile und der Konferenda der einzelnen Erben zu rechnen sind. Erk. des O.Tr. v. 23. Juny 1856.

Der Exekutor ist der Verwalter fremden Eigenthums, er ist daher, wenn das Testament darüber keine besonderen Bestimmungen enthält, zu gerichtlichen Klagen und deren Beantwortung in der Regel nicht legitimirt. Es kommt eben wesentlich auf den Inhalt des Testaments an. Erk. v. 27. November 1863.

Die Bestimmung im Testamente, daß der Testamentsexekutor auch zu solchen Handlungen ermächtigt sei, zu denen die Gesetze eine Spezialvollmacht erfordern, berechtigt ihn noch nicht zur Vornahme solcher Handlungen, wenn das Geschäft nicht ausdrücklich im Testamente bezeichnet ist. Johow, Jahrb. 2 S. 165.

[1] Testamentsvollstrecker, welche vermöge der im Testamente ihnen ertheilten Ermächtigung sich selbst gleich nach dem Tode des Erblassers in den Besitz des ganzen Nachlasses gesetzt haben, sind schuldig, dem Erben auf sein Verlangen ein Verzeichniß sämmtlicher zu diesem Nachlasse gehörigen und von ihnen übernommenen Gegenstände auszuantworten. Dieselben sind auch allemal schuldig, auf Verlangen den Manifestationseid zu leisten. Erk. des O.Tr. v. 4. Nov. 1870.

durch den Kindern ihr Pflichttheil genommen, geschmälert oder belastet werden soll, müssen bei Strafe der Nichtigkeit in der Form eines wirklichen Testaments abgefaßt sein, und die Form einer privilegirten Disposition unter Kindern ist dazu nicht hinreichend.

A. L.R. II, 2 § 441. Haben Eltern ein Kind zwar enterbt, aber keine Ursache der Enterbung oder einen nicht gesetzlichen Grund angeführt: so finden die Vorschriften §§. 432—436 Anwendung.[1]

§ 398. Der Pflichttheil kann mit Bedingungen oder andern Einschränkungen nicht belastet werden.

§ 399. Doch sollen die Eltern zur gänzlichen Enterbung des Kindes berechtigt sein: 1) wenn dasselbe des Hochverraths, oder des Lasters der beleidigten Majestät gegen die Person des Oberhauptes im Staate schuldig erkannt worden.

§ 400. 2) Wenn es einem der leiblichen oder Stiefeltern nach dem Leben getrachtet hat.

§ 401. 3) Wenn es Eins der leiblichen Eltern eines Verbrechens, auf welches eine härtere als Geld- oder bloße bürgerliche Gefängnißstrafe verordnet ist, wider besseres Wissen fälschlich in Gerichten angeschuldigt hat.

§ 402. 4) Wenn es sich an einem der leiblichen Eltern mit Thätlichkeiten, außer dem Falle einer wirklichen Nothwehr, vergriffen hat.

§ 403. 5) Wenn es die Ehre des Erblassers mit groben Schmähungen angetastet hat.[2]

---

[1] Beziehen sich auf die Folgen widergesetzlicher Enterbung.

[2] Dieser Enterbungsgrund ist nur dem unmittelbar Beleidigten, nicht auch dem andern Parens gegeben. Erk. des O.Tr. v. 9. Dez. 1864.

**A. L.R. II, 2** § 404. Ob die §§ 400—403 beschriebenen Beleidigungen den Eltern von dem Kinde unmittelbar oder durch Andere zugefügt worden, macht keinen Unterschied.[1]

§ 405. 6) Wenn Kinder mit dem andern Theile der leiblichen oder Stiefeltern blutschänderischen oder ehebrecherischen Umgang gepflogen haben.

§ 406. 7) Wenn das Kind durch grobe Verbrechen dem Erblasser einen beträchtlichen Theil seines Vermögens entzogen hat.

§ 407. Für beträchtlich wird ein solcher Schade angesehen, wenn er wenigstens den Betrag des dem Kinde sonst zukommenden Pflichttheils erreicht.

§ 408. 8) Wenn das Kind den Erblasser, als derselbe nothleidend gewesen, nicht hat unterstützen wollen.

§ 409. 9) Wenn es bei erhaltener ehrbarer Erziehung durch grobe Laster, schändliche Aufführung, oder durch die Wahl einer niederträchtigen Lebensart sich bei seinen Standesgenossen öffentlich entehrt hat.

§ 410. Nur aus diesen §§ 399—409 aufgeführten, nicht aber aus andern, wenn auch denselben gleich oder ähnlich scheinenden Ursachen, kann die gänzliche Enterbung eines Kindes stattfinden.

**A. L.R. II, 1** § 996. Doch ist der Vater alsdann[2] das ungehorsame Kind bis auf die Hälfte des Pflichttheils zu enterben berechtigt.

§ 997. Hat ein Sohn, der nicht mehr unter väterlicher Gewalt sich befindet, oder eine Tochter nach zurückgelegtem

---

[1] „Andere" bezieht sich auf die intellektuelle Urheberschaft (Koch).

[2] D. h. wenn sich das Kind ohne seine Einwilligung verheirathet hat.

vierundzwanzigsten Jahre ohne väterliche Einwilligung geheirathet, so bewirkt dieser Mangel keine Ungültigkeit der Ehe.[1]

**A. L.R. II, 1** § 998. Dem Vater bleibt aber, auch in diesem Falle, das Recht zur Enterbung bis auf die Hälfte des Pflichttheils vorbehalten.

§ 1000. Die Mutter kann ein nach des Vaters Tode ohne ihre Einwilligung heirathendes minder= oder großjähriges Kind auf die Hälfte des Pflichttheils, gleich dem Vater, enterben.

**A. L.R. II, 2** § 412. Daß Eltern ein Kind, welches ohne ihre ertheilte oder von dem Richter ergänzte Einwilligung heirathet, bis auf die Hälfte des Pflichttheils enterben können, ist im Ersten Titel §§ 996, 998, 1000 verordnet.

§ 413. Ein Gleiches findet statt, wenn ein Kind durch unehelichen Beischlaf die Einwilligung der Eltern in seine Heirath erzwingen wollen.

§ 414. Die in einem Testamente geschehene Enterbung besteht so lange, als der Erblasser dies Testament nicht widerrufen oder seinen Willen, die Enterbung wieder aufzuheben, nicht deutlich erklärt hat.

§ 415. Dergleichen Erklärung muß in Ansehung der äußeren Form wenigstens mit den bei einer letztwilligen Verordnung unter Kindern § 380 vorgeschriebenen Erfordernissen versehen sein.[2]

---

[1] § 29. Reichsgesetz vom 6. Febr. 1875 über die Beurkundung des Personenstandes und die Eheschließung.

Eheliche Kinder bedürfen zur Eheschließung, so lange der Sohn das 25., die Tochter das 24. Lebensjahr nicht vollendet hat, der Einwilligung des Vaters, nach dem Tode des Vaters der Einwilligung der Mutter und wenn sie minderjährig sind, auch des Vormundes.

[2] Vergl. Abschn. IV.

A. L.R. II, 2 § 419. Außerdem können Eltern die Kinder in der Verfügung über den Pflichttheil alsdann einschränken, wenn das Kind dergestalt in Schulden versunken ist, daß durch selbige sein Pflichttheil ganz oder doch soweit, daß ihm davon der nöthige Unterhalt nicht übrig bliebe, verzehrt werden würde.[1]

§ 420. Ferner alsdann, wenn das Kind sich einer unordentlichen und verschwenderischen Wirthschaft schuldig gemacht hat.

§ 421. Endlich, wenn ein Kind wegen Wahn- oder Blödsinns seinen Sachen selbst vorzustehen unfähig ist.

§ 422. In allen Fällen aber muß die gesetzmäßige Ursache der Einschränkung ausdrücklich angeführt sein.

§ 423. Aus einer solchen gesetzmäßigen Ursache können Eltern dem Kinde die Verfügung unter Lebendigen, auch in Ansehung des Pflichttheils, gänzlich untersagen.

§ 424. Sie können verordnen, daß die gegenwärtigen und künftigen Gläubiger des Kindes sich an die Substanz des Erbtheils zu halten nicht berechtigt sein sollen.

§ 425. Sie können aber dem Kinde den Nießbrauch des Pflichttheils nicht entziehen.

§ 426. Auch können sie dasselbe in der Verfügung auf den Todesfall in Ansehung des Pflichttheils nur zum Besten seiner Abkömmlinge einschränken.

§ 427. Doch können sie ihm, wenn es ohne Kinder versterben sollte, seine Geschwister und deren Abkömmlinge auch im Pflichttheile substituiren.

§ 429. Auf den nach § 425 dem Kinde verbleibenden Nießbrauch können die Gläubiger nur insofern Anspruch machen,

---

[1] Der Pflichttheil muß mindestens hinterlassen werden. (Koch.)

als es zum nothdürftigen Unterhalte des Kindes nicht erforderlich ist.[1]

A. L.R. II, 2 § 430. Verlassen Eltern einem Kinde sein volles Erbtheil, verfügen aber dabei, daß selbiges für den Enkel erhalten werden soll: so muß das Kind sich dieser Verordnung unterwerfen und kann statt dessen den Pflichttheil nicht wählen.

b. der Ascendenten.

A. L.R. II, 2 § 506. Kinder können ihre Eltern und weitere Ascendenten auch im Pflichttheile enterben, 1) wenn dieselben des Hochverraths oder des Lasters der beleidigten Majestät gegen die Person des Oberhauptes im Staate schuldig erkannt worden;

§ 507. 2) Wenn sie dem Erblasser, oder dessen Ehegatten, oder Abkömmlingen, nach dem Leben getrachtet haben;

§ 508. 3) Wenn sie durch üble Behandlung der Gesundheit des Erblassers einen erheblichen und dauernden Schaden boshafter Weise zugefügt haben;

§ 509. 4) Wenn sie denselben eines groben Verbrechens, worauf in den Gesetzen Zuchthaus- oder Festungsstrafe verordnet ist, wider besseres Wissen, fälschlich in Gerichten angeschuldigt haben.

---

[1] Ueber die Frage: ob den Eltern eines aus guter Absicht enterbten Kindes, welchem nicht bloß der Nießbrauch seines Pflichttheils, sondern der Nießbrauch seines ganzen Erbtheils hinterlassen ist, die Befugniß zustehe, die Gläubiger des Kindes davon gänzlich auszuschließen, enthalten die §§ 425. 429 keine Bestimmung. Diese Paragraphen sind daher durch die Bejahung der Frage in dem vorgelegenen Falle nicht verletzt worden. Erk. des O.Tr. vom 15. Sept. 1862 und 17. Juny 1872.

A. L.R. II, 2 § 510. Auch bei diesen Enterbungsursachen (§§ 507 bis 509) findet die Vorschrift § 407 Anwendung.[1]

§ 511. 5) Wenn der enterbte Ascendent mit dem Ehegatten des enterbenden Kindes während der Ehe ehebrecherischen Umgang gepflogen hat.

§ 512. 6) Wenn der Enterbte bei der körperlichen oder sittlichen Erziehung des Enterbenden die nach den Gesetzen ihm obliegenden Pflichten gröblich verletzt hat.

§ 513. 7) Wenn er sich der gesetzmäßigen Obliegenheit zur Ernährung des ohne grobes Verschulden in Mangel und Elend gerathenen Kindes, bei eigenem hinreichendem Vermögen dazu, vorsätzlich entzogen hat.

§ 514. Aus eben diesen Ursachen (§§ 506—513) kann das Kind den Pflichttheil der Ascendenten schmälern, durch Bedingungen einschränken oder mit Lasten beschweren.

§ 515. Wegen Enterbung der Ascendenten aus guter Absicht finden eben die Vorschriften Anwendung, welche wegen dieser Art von Enterbung bei Kindern §§ 419 sqq. festgesetzt sind.

c. der Ehegatten.

A. L.R. II, 1 § 632. Den Pflichttheil kann ein Ehegatte dem andern nur wegen solcher Verschuldungen schmälern oder gar entziehen, die ihn berechtigt haben würden, auf Scheidung anzutragen.[2]

---

[1] Statt 407 muß 404 gelesen werden. Reskr. vom 29. Dezbr. 1837, Jahrb. 50 S. 476. (Oben S. 46.)

[2] Ein Ehescheidungsgrund ist deshalb nicht ungeeignet, als Enterbungsgrund geltend gemacht zu werden, weil er im Sinne der

§§ 720. 721 als verziehen angesehen werden muß. Erk. des O.Tr. vom 18. März 1870.

A. L.R. II, 1 § 670. Ehebruch, dessen sich ein Ehegatte schuldig macht, berechtigt den unschuldigen Theil, auf Scheidung zu klagen.

§ 671. Wenn aber die Frau sich des Ehebruchs schuldig gemacht hat, so kann sie unter dem Vorwande, daß dem Manne ein gleiches Vergehen zur Last falle, der Scheidung nicht widersprechen.

§ 672. Sodomiterei und andere unnatürliche Laster dieser Art werden dem Ehebruche gleich geachtet.

§ 673. Eben das gilt von unerlaubtem Umgange, wodurch eine dringende Vermuthung der verletzten ehelichen Treue begründet wird.

§ 674. Bloßer Verdacht ist zur Trennung der Ehe nicht hinreichend.

§ 675. Ist jedoch scheinbarer Anlaß zu einem solchen Argwohne vorhanden, so muß dem beschuldigten Ehegatten auf Anrufen des andern der fernere Umgang mit der verdächtigen Person gerichtlich untersagt werden.

§ 676. Setzt derselbe, dieses Verbots ungeachtet, einen vertrauten Umgang mit der verdächtigen Person fort, so ist dies ein erheblicher Grund zur Ehescheidung.

§ 677. Auch wegen böslicher Verlassung kann eine Ehe getrennt werden.

§ 678. Die bloße Veränderung des bisherigen Aufenthalts ist für eine bösliche Verlassung noch nicht zu achten.

§ 694. Halsstarrige und fortdauernde Versagung der ehelichen Pflicht soll der böslichen Verlassung gleich geachtet werden.

§ 699. Wenn ein Ehegatte dem andern nach dem Leben getrachtet, oder solche Thätlichkeiten an ihm verübt hat, welche desselben Leben oder Gesundheit in Gefahr setzen, so ist der Beleidigte die Trennung der Ehe zu suchen berechtigt.

§ 700. Ein Gleiches gilt von groben und widerrechtlichen Kränkungen der Ehre oder der persönlichen Freiheit des andern Ehegatten.

§ 701. Wegen bloß mündlicher Beleidigungen oder Drohungen, ingleichen wegen geringerer Thätlichkeiten, sollen Eheleute gemeinen Standes nicht geschieden werden.

(Die Bestimmung des § 701 ist übrigens durch die Verfassungsurkunde vom 31. Januar 1850 nicht aufgehoben. Erk. des O.Tr. vom 16. July 1855.)

§ 702. Auch unter Personen mittleren und höheren Standes kann die Scheidung nur alsdann stattfinden, wenn der beleidigende Ehegatte sich solcher Thätlichkeiten und Beschimpfungen ohne dringende Veranlassung muthwillig und wiederholt schuldig macht.

## 9) Wechselseitige Testamente.

A. L.R. II, 1 § 482. Nur Eheleuten ist es erlaubt, wechselseitige Testamente über ihren Nachlaß zu errichten.[1]

§ 703. Unverträglichkeit und Zanksucht werden eine gegründete Scheidungsursache, wenn sie zu einem solchen Grade der Bosheit steigen, daß dadurch des unschuldigen Theiles Leben oder Gesundheit in Gefahr gesetzt wird.

§ 704. Grobe Verbrechen gegen Andere, wegen welcher ein Ehegatte harte und schmähliche Zuchthaus- oder Festungsstrafe nach Urtel und Recht erlitten hat, berechtigen den daran unschuldigen Theil, die Scheidung zu suchen.

§ 705. Ein Gleiches findet statt, wenn ein Ehegatte den Andern solcher Verbrechen vor Gericht, gegen besseres Bewußtsein, fälschlich beschuldigt.

§ 706. Ferner, wenn ein Ehegatte durch vorsätzliche unerlaubte Handlungen den Andern in Gefahr bringt, Leben, Ehre, Amt oder Gewerbe zu verlieren.

§ 707. Wenn ein Ehegatte ein schimpfliches Gewerbe ergreift, so kann der Andere auf die Scheidung antragen.

§ 708. Wegen Trunkenheit, Verschwendung oder unordentlicher Wirthschaft des einen Ehegatten soll die Ehe nicht sogleich getrennt werden.

§ 709. Der Richter aber soll auf Anrufen des andern Theiles solche Verfügungen treffen, wodurch der Schuldige gebessert und den nachtheiligen Folgen einer solchen unordentlichen Lebensart vorgebeugt werden kann.

§ 710. Vereitelt der schuldige Theil diese richterlichen Veranstaltungen und fährt er in seinen Unordnungen beharrlich fort, so kann auf ferneres Anrufen des Unschuldigen eine solche Ehe getrennt werden.

§ 711. Mangel am Unterhalte berechtigt die Frau nur alsdann zur Scheidung, wenn der Mann durch begangene Verbrechen, Ausschweifungen oder unordentliche Wirthschaft sich selbst außer Stand, sie zu ernähren, gesetzt hat.

[1] Wenn Eheleute in einer gemeinschaftlichen (d. h. in einem Akte beurkundeten) letztwilligen Verordnung wechselseitig testiren zu wollen erklärt haben, so ist das Testament auch dann für ein wechselseitiges zu erachten, wenn die Erbeseinsetzung für Jeden von jedem Ehegatten besonders ausgesprochen ist. D. h. es braucht nicht im Plural ausgesprochen zu sein: Wir setzen uns wechselseitig zu Erben einander ein, sondern es kann im Singular zuerst der Eine

A. L.R. II, 1 § 483. Um Betrug und Ueberlistung zu vermeiden, sollen nur solche Testamente als wechselseitige gelten, welche in einem Instrumente errichtet werden.[1]

§ 484. Sind dergleichen Testamente von beiden Theilen unterschrieben und dem Gerichte übergeben worden, so kommt es nicht darauf an, wer den Aufsatz selbst gefertigt habe.

§ 485. Dergleichen wechselseitige Testamente, insofern dieselben nicht etwa als ein wirklicher Vertrag errichtet und mit der bei Erbverträgen vorgeschriebenen Form versehen sind, werden schon durch den Widerruf eines der Ehegatten vernichtet.[2]

§ 486. Hat jedoch der andere Ehegatte weder seines Orts ausdrücklich widerrufen, noch eine andere letztwillige Verordnung errichtet, so bestehen diejenigen Vermächtnisse, welche er in dem wechselseitigen Testamente anderen, als solchen Personen, die bloß mit dem Widerrufenden als Verwandte oder besondere Freunde verbunden sind, ausgesetzt hat.

§ 487. Bloße Aenderungen und Zusätze bei Vermächtnissen und anderen dergleichen Verfügungen bewirken niemals die Vernichtung des gegenseitigen Testaments.

§ 488. Sie sind aber ungültig, insofern sie bloß einseitig gemacht worden und zum Nachtheile des überlebenden Ehegatten abzielen.

§ 489. Wenn die Ehe unter den wechselseitig testirenden

---

und darauf der Andere den Anderen zu seinem Erben ernennen. Erk. des O.Tr. v. 9. Juny 1852.

[1] Hieraus ist klar, daß hier gleichfalls zwei Testamente verschiedener Personen gemeint sind, worin Jeder den Anderen beruft, wie im §. 614 A. L.R. I, 12, keineswegs also zwei Testamente, worin Jeder eine dritte Person einsetzt (Koch.)

[2] Der Widerruf kann auch durch Errichtung eines neuen Testaments oder durch Zurücknahme erfolgen. §§. 564 und 572 A. L.R. I, 12. Erk. des O.Tr. v. 1. März 1875.

Eheleuten durch Scheidung getrennt worden, so verliert das ganze wechselseitige Testament von selbst seine Gültigkeit.[1]

**A. L.R. II, 1 § 490.** Auch nach dem Tode des einen Ehegatten hat der überlebende die Wahl: ob er die Erbschaft aus dem Testamente antreten oder ausschlagen wolle.

§ 492. Nimmt er die Erbschaft aus dem Testamente an, so kann er auch von seinen eigenen Verordnungen nicht wieder abgehen, insofern aus der Fassung oder aus den Umständen erhellet, daß der Erstverstorbene ihm seinen Nachlaß in Rücksicht auf diese Verfügungen zugewendet habe.[2]

---

[1] Das Ganze, nicht bloß die Erbeseinsetzung. (Koch.)

[2] Dem überlebenden Ehegatten, der die Erbschaft des Erstverstorbenen aus dem wechselseitigen Testamente angenommen hat, steht in dem Falle, wenn er mehrere gemeinschaftliche Kinder zu Erben seines dereinstigen Nachlasses ernannt hat und eines oder einige von ihnen vor ihm mit Tode abgehen, nicht die Befugniß zu, über den Erbantheil des oder der weggefallenen Miterben anderweit letztwillig zu verfügen. Erk. des O.Tr. vom 1. Septbr. 1873.

Nehmen die von Eheleuten in ihrem korrespektiven Testamente als substituirte Erben eingesetzten Kinder diese testamentarische Berufung nicht an, fordern sie vielmehr nach dem Tode des Erstverstorbenen ihren Pflichttheil, so können sie nicht verlangen, daß der überlebende Ehegatte von seinen eigenen in jenem Testamente zu ihren Gunsten getroffenen Bestimmungen nicht wieder abgehe. Erk. des O.Tr. vom 15. April 1864.

Die von jedem der Ehegatten neben der Einsetzung des andern Ehegatten ausgesprochene Berufung von Personen der in § 493 d. T. bezeichneten Art zu Erben läßt sich beim Mangel anderer Bestimmungen der Testatoren nur dahin auffassen, daß jeder Ehegatte für seinen Todesfall mehrere direkte Erben ernannt habe. Nach dem Tode des Erstverstorbenen würde die Annahme der testamentarischen Erbschaft Seitens des Ueberlebenden an sich nur die Folge haben, daß der letztere 1) den Nachlaß des ersteren mit den von diesem berufenen Miterben zu theilen und 2) rücksichtlich seines eigenen dereinstigen Nachlasses es bei der zum Besten der bezeichneten Personen seinerseits im wechselseitigen Testamente bestimmten Erbeseinsetzung zu belassen verpflichtet sein würde. (Koch.)

Dem Ueberlebenden, welcher die Erbschaft aus dem wechselseitigen Testamente angetreten hat, steht die Befugniß zu, über seinen eige-

A. L.R. II, 1 § 493. Dies wird hauptsächlich bei solchen Verordnungen des überlebenden Ehegatten vermuthet, welche zum Besten der gemeinschaftlichen Kinder, oder der Verwandten oder besonderen Freunde des Erstverstorbenen abzielen.[1]

§ 494. Wechselseitige Testamente, worin beide Theile sich des Widerrufs ausdrücklich begeben haben, sind als Erbverträge anzusehen.[2]

## 10. Zurücknahme des Testaments.

A. L.R. I, 12 § 565. Wenn der Testator ein gerichtlich niedergelegtes Testament oder Codicill zurücknimmt, so verliert dasselbe seine Gültigkeit.

§ 566. Es macht dabei keinen Unterschied, wenngleich der zurückgenommene Aufsatz noch unentsiegelt oder sonst unverändert in dem Nachlasse vorgefunden wird.[3]

§ 567. Soll ein zurückgenommenes Testament oder Codicill anderweit gerichtlich übergeben werden, so ist dabei alles das zu beobachten, was bei der Uebergabe eines Testaments oder Codicills überhaupt vorgeschrieben worden.[4]

---

nen Vermögensantheil anderweit letztwillig zu verfügen, sofern nur dadurch nicht die bereits erworbenen Rechte der Verwandten des Erstverstorbenen geschmälert werden. (Koch.)

[1]) Den Eheleuten ist unverboten, auch wechselseitige Codicille, ohne ein Testament zu errichten. (Koch.)

[2]) Gelten als solche aber nur dann, wenn die für solche vorgeschriebene Form beobachtet worden ist. (Koch.)

[3] Auch durch die in einem späteren Testamente des Erblassers lediglich mittelst einer allgemeinen Bezugnahme auf das zurückgenommene, im Nachlasse aufbewahrte Testament erfolgte Anordnung von Legaten können die in dem zurückgenommenen Testamente ausgesetzten Vermächtnisse rechtliche Wirksamkeit nicht erlangen. Pr. d. O.Tr. v. 28. Dezbr. 1849.

[4] Hierunter sind diejenigen Förmlichkeiten zu verstehen, welche

A. L.R. I, 12 § 569. Durch die bloße Zurückforderung wird die nicht wirklich zurückgenommene Disposition noch nicht entkräftet.

§ 570. Hat der Testator bei der Zurückforderung seinen Willen, die Disposition aufzuheben oder abzuändern, ausdrücklich erklärt, so ist die Gültigkeit und Wirkung einer solchen Erklärung nach den wegen des ausdrücklichen Widerrufs vorgeschriebenen Regeln zu beurtheilen. (§ 587 sqq.)[1]

§ 571. Ein gerichtlich niedergelegtes Testament oder Codicill soll nur dem Testator selbst, oder einem von ihm dazu gerichtlich bestellten Bevollmächtigten zurückgegeben werden.

11. Errichtung eines neuen Testaments.

A. L.R. I, 12 § 572. Wird ein neues Testament übergeben, und darin die im vorigen enthaltene Erbeseinsetzung abgeändert, so verliert das frühere Testament seine Gültigkeit.[2]

§ 573. Es fallen daher auch die in dem früheren Testa-

---

bei der ersten und ursprünglichen Errichtung eines letzten Willens, die durch Uebergabe eines schriftlichen Aufsatzes erfolgt, zu beobachten sind. Es kann daher das wieder übergebene Testament nur als ein solcher „Aufsatz" nach § 101 sqq. behandelt werden, selbst wenn es noch äußerlich in unverändertem Zustande und mit den Gerichtssiegeln verschlossen wäre, und kann also ein des Schreibens Unkundiger in dieser Weise gar nicht testiren, sondern nach Vorschrift des § 113 seinen letzten Willen jederzeit nur mündlich zu Protokoll erklären. Erk. des O.Tr. v. 31. Dezbr. 1849.

[1] Die Erklärung muß vor gehörig besetztem Gerichte oder in einer privilegirten Form erfolgen. (Koch.)

[2] Wenn der Testator in einem zweiten Testamente, ohne das erste oder die darin ausgesetzten Legate zu widerrufen, der früheren Erbeseinsetzung eine Bedingung oder eine Substitution hinzugefügt hat, so bleiben die Legate aus dem ersten Testamente bestehen. Erk. des O.Tr. vom 19. Februar 1869. Nur die Aenderung der Erbeseinsetzung hebt das ältere Testament auf (Koch.)

mente ausgesetzten Vermächtnisse weg, insofern dieselben nicht in dem spätern ausdrücklich wiederholt oder bestätigt sind.

A. L.R. I, 12 § 574. Hat aber der Testator in dem spätern Testamente deutlich erklärt, daß auch die Erbeseinsetzung des frühern bei Kräften bleiben und also der später eingesetzte Erbe nur zugleich mit dem früher benannten sein Erbe sein solle, so bestehen auch die Legate aus dem früheren Testamente, insofern selbige durch das spätere nicht ausdrücklich aufgehoben sind.[1]

§ 575. Einer solchen ausdrücklichen Aufhebung ist es gleich zu achten, wenn der Testator eben dieselbe bestimmte Sache, welche er in dem früheren Testamente einem Legatario vermacht hat, in dem spätern einem Andern zuwendet.[2]

§ 577. Hat der Testator in dem spätern Testamente selbst, oder bei dessen gerichtlicher Uebergabe, ausdrücklich erklärt, daß er die Erbeseinsetzung bloß um deswillen geändert habe, weil der in dem frühern ernannte Erbe gestorben sei, und es findet sich, daß dabei ein Irrthum zu Grunde gelegen, so ist das spätere Testament ungültig.

§ 578. Ist in diesem Falle das frühere Testament in gerichtlicher Verwahrung zurückgeblieben, so behält dasselbe seine volle Gültigkeit.

§ 579. Die in dem spätern Testamente enthaltenen Verordnungen gelten also nur insoweit, als dadurch Verordnungen des früheren Testaments, außer der Erbeseinsetzung, aufgehoben werden.

---

[1] Beruft der Testator in dem neuen Testamente eine andere Person nur auf eine Quote, so bleibt die in dem früheren Testamente enthaltene Erbeinsetzung bestehen. (Koch.)

[2] Ganz nämlich, nicht zu einem bestimmten Theile. (Koch.)

A. L.R. I, 12 § 582. Ist das spätere Testament zurückgenommen, das frühere hingegen in gerichtlicher Verwahrung aufbehalten worden, so bleibt letzteres, wenn es nicht sonst auf eine rechtsbeständige Art widerrufen ist, gültig.[1]

§ 585. Wenn ein Testament und Codicill zugleich übergeben worden, so wird, wenn nicht aus den beigefügten Datis ein Anderes erhellet, angenommen, daß das Codicill später, als das Testament errichtet sei.

§ 586. Wenn in dem späteren Codicille einer in der früheren Disposition schon bedachten Person ein Legat angewiesen wird, so ist im zweifelhaften Falle, und wenn nicht aus der Fassung der späteren Disposition ein Anderes erhellet, der Legatarius nur das spätere Vermächtniß zu fordern befugt.[2]

## 12. Ausdrücklicher Widerruf.

A. L.R. I, 12 § 587. In der Regel kann Jemand nur auf eben die Art, wie er testiren kann, auch die einmal errichtete Disposition widerrufen.[3]

---

[1] Enthielte das spätere Testament selbst einen Widerruf, so würde dieser mit der Zurücknahme des Testaments unwirksam geworden sein.

[2] Ist aus der Fassung des jüngern Codicills selbst die Absicht des Erblassers nicht zu entnehmen, daß der darin bedachte Legatar auch das ihm in dem ältern Codicill ausgesetzte Legat zu fordern berechtigt sein solle, so ist das letztere für aufgehoben zu erachten, ohne daß es auf einen anderweitigen Nachweis jener Absicht aus mündlichen oder stillschweigenden Willenserklärungen des Erblassers vor oder nach Errichtung des jüngeren Codicills weiter ankommen kann. Erk. des O.Tr. v. 12. Okt. 1863.

[3] Es bedarf nicht auch der Zurücknahme des deponirten widerrufenen Testaments. Uebrigens kann der Widerruf auch durch eine schriftliche, dem Gericht versiegelt oder offen übergebene Erklärung erfolgen, mit welcher der Richter dann ebenso zu verfahren hat, wie

A. L.R. I, 12 § 588. Doch kann unter eben den Umständen und mit eben den Erfordernissen, wie Jemand eine privilegirte Disposition errichten kann, auch eine vorher förmlich und gerichtlich errichtete Verordnung widerrufen werden.

§ 592. Wenn der Widerruf an sich mit den gehörigen Erfordernissen versehen ist, so schadet es der Kraft desselben nichts, wenngleich das widerrufene Testament selbst nicht zurückgenommen worden.

§ 593. Zum Widerruf bloßer in einer gerichtlichen Disposition errichteter Vermächtnisse ist die vor einem Notario und zweien Zeugen abgegebene Erklärung des Testators hinreichend.

§ 594. Ein bloß außergerichtlicher Widerruf des Testators kann nur alsdann für hinreichend geachtet werden, wenn derselbe in einem eigenhändig geschriebenen und unterschriebenen Aufsatze erklärt ist.

§ 595. Ist der den Widerruf enthaltende außergerichtliche Aufsatz von dem Erblasser bloß unterzeichnet, so kann darauf nur alsdann Rücksicht genommen werden, wenn zugleich der Bewegungsgrund des Widerrufs angegeben ist, und dieser der Wahrheit gemäß befunden wird.[1]

## 13. Vormundschaftliche Bestimmungen.

§ 17 der Vormundschaftsordnung vom 5. July 1875. Als Vormünder sind in nachstehender Reihenfolge berufen:

---

mit einem übergebenen Testamente. (Förster.) Anderer Meinung ist Koch. Es enthält einen der Testamentsform unterliegenden Widerruf des bedingten Erbeinsetzungswillens, wenn die früher gestellte Bedingung in einer späteren Erklärung erlassen wird. (Gruchot.)

[1] Die §§ 594, 595 beziehen sich nur auf Vermächtnisse.

1) wer ohne die väterliche Gewalt zu erwerben, den Mündel an Kindesstatt angenommen hat [1];

2) wer von dem Vater in einem Testament oder in einer gerichtlich oder notariell beglaubigten oder eigenhändig geschriebenen und unterschriebenen Urkunde benannt ist, sofern der Vater zur Zeit seines Todes die väterliche Gewalt über den Mündel gehabt hat, oder unter Voraussetzung der bereits erfolgten Geburt desselben gehabt haben würde, oder sofern der Vater bis zum Tode die Vormundschaft geführt hat;

3) die Mutter über ihre ehelichen, nicht an Kindesstatt hingegebenen Kinder;

4) wer von der Mutter in der unter Nr. 2 bestimmten Form benannt ist, sofern die Mutter bis zum Tode die Vormundschaft geführt hat;

5) der Großvater väterlicher Seits;

6) der Großvater mütterlicher Seits.

Die Mutter ist nicht berufen, wenn sie mit einem Anderen als dem Vater des Mündels verheirathet, oder wenn die Ehe mit dem Vater des Mündels durch Urtheil getrennt ist.

§ 26. Neben dem Vormund kann ein Gegenvormund bestellt werden.

— — — Der Vater oder die Mutter können nach Maßgabe der in § 17 für die Berufung eines Vormunds gegebenen Vorschriften die Bestellung eines Gegenvormunds untersagen.

§ 30. — — — Andere Bestimmungen über die Ver-

---

[1] Für das landrechtliche Gebiet direkt nicht anwendbar, da hier mit der Annahme an Kindesstatt der Erwerb der väterlichen Gewalt verknüpft ist. (Löwenstein.)

waltung mehrerer Vormünder können durch den zur Berufung Berechtigten getroffen werden.

§ 34. Ein Honorar steht dem Vormunde nur zu, soweit ihm ein solches von dem Erblasser des Mündels oder von dem Vormundschaftsgerichte zugebilligt worden ist.

§ 35. — — Hat ein Erblasser des Mündels in der § 17 Nr. 2 bestimmten Form die Offenlegung des Verzeichnisses seines Nachlasses verboten, so ist dasselbe von dem Vormunde — — einzureichen und von dem Vormundschaftsgerichte einzusiegeln.

§ 36. Hat ein Erblasser des Mündels über die Verwaltung oder die Veräußerung der zu seinem Nachlasse gehörigen Gegenstände Bestimmungen für den Vormund getroffen, so sind diese zu befolgen. — — —

§ 47. Der Vater des Mündels ist berechtigt, in der § 17 Nr. 2 bestimmten Form den von ihm benannten Vormund von der Nothwendigkeit der Genehmigung des Gegenvormunds oder des Vormundschaftsgerichts zu den §§ 41, 42 Nr. 4—14 und § 44 bezeichneten Handlungen zu befreien.[1]

---

[1] § 41. Der Genehmigung des Gegenvormundes bedarf es:
1) zur Veräußerung von Werthpapieren,
2) zur Einziehung, Abtretung oder Verpfändung von Kapitalien, sofern dieselben nicht bei Sparkassen belegt sind,
3) zur Aufgabe oder Minderung der für eine Forderung bestellten Sicherheit.

§ 42. Der Genehmigung des Vormundschaftsgerichts bedarf es:
4) zur Erbauseinandersetzung, sofern dieselbe nicht durch Erkenntniß festgesetzt wird;
5) zur Veräußerung oder Belastung unbeweglicher Sachen;
6) zum Erwerb von unbeweglichen Sachen durch lästigen Vertrag;
7) zur Verpachtung oder Vermiethung unbeweglicher Sachen, wenn der Vertrag über das Alter der Großjährigkeit hinaus gelten soll, sowie zur Verpachtung von Grundstücken, die zu

§ 57. Der Vater, die Mutter, der Ehemann und die Großeltern des Mündels sind von der Rechnungslegung während der Verwaltung frei. Der Vater und die Mutter sind berechtigt, in der § 17 Nr. 2 bestimmten Form den von ihnen benannten Vormund von der Rechnungslegung während der Verwaltung zu befreien.

— — — Das Verbot der Offenlegung des Vermögensverzeichnisses ist rücksichtlich des davon betroffenen Vermögens als Befreiung von der Rechnungslegung und der Einreichung der Vermögensübersicht zu erachten.

§ 59. Der Vater, sowie die Mutter des Mündels sind berechtigt, in der § 17 Nr. 2 bestimmten Form den von ihnen benannten Vormund von der Pflicht zur Sicherheitsstellung zu befreien.

— — Der Vater, die Mutter, der Ehemann und die Großeltern als Vormünder und der Gegenvormund sind von der Pflicht zur Sicherstellung frei.

§ 60. Das Vormundschaftsgericht kann anordnen, daß

---

einem Grundsteuer-Reinertrag von dreitausend Mark oder mehr eingeschätzt sind;

8) zur Abschließung von Vergleichen, wenn deren Gegenstand unschätzbar ist oder die Summe von dreihundert Mark übersteigt;

9) zur Veränderung oder Auflösung, sowie zur Neubegründung oder Uebernahme eines Erwerbsgeschäfts;

10) zur Eingehung wechselmäßiger Verbindlichkeiten;

11) zur Ertheilung einer Procura;

12) zur Aufnahme von Darlehen;

13) zur Uebernahme fremder Verbindlichkeiten;

14) zur Entsagung einer Erbschaft oder eines Vermächtnisses.

§ 44. Die Art der Veräußerung einer unbeweglichen Sache wird unbeschadet der Rechte der Miteigenthümer von dem Vormundschaftsgerichte bestimmt. Die Veräußerung kann durch gerichtliche oder notarielle Versteigerung oder aus freier Hand erfolgen.

Werthpapiere des Mündels, welche auf den Inhaber lauten, oder an den Inhaber gezahlt werden können, und Kostbarkeiten bei der Reichsbank oder bei einer andern dazu bestimmten Behörde oder Kasse in Verwahrung genommen, oder daß jene Werthpapiere außer Kurs gesetzt werden.

Diese Anordnungen finden gegen den Vater des Mündels als Vormund nicht statt. Sie finden gegen den von dem Vater benannten Vormund nicht statt, wenn sie von dem Vater in der § 17 Nr. 2 bestimmten Form ausgeschlossen sind.

§ 68. Von der Verpflichtung, Schlußrechnung zu legen, kann der Vormund von den Eltern oder dem Erblasser des Mündels nicht befreit werden.

§ 71. Ein Familienrath ist zu bilden:

1) wenn der Vater oder die Mutter des Mündels nach Maßgabe der in § 17 für die Berufung eines Vormundes gegebenen Vorschriften die Bildung angeordnet hat;
2) wenn drei Personen, welche mit dem Mündel bis zum dritten Grade verwandt oder verschwägert sind, die Bildung beantragen;
3) wenn der Vormund oder Gegenvormund die Bildung beantragen.

Die Bildung eines Familienraths unterbleibt, wenn sie von dem Vater oder der Mutter nach Maßgabe der Vorschriften des § 17 untersagt ist.

§ 87. Wird bei Zuwendungen an eine in väterlicher Gewalt oder unter Vormundschaft stehende Person durch Anordnung desjenigen, welcher die Zuwendung gemacht hat, eine Pflegschaft nöthig, so ist der bei der Zuwendung benannte zum Pfleger berufen.

Von der Rechnungslegung während der Dauer der Pflegschaft, von der Sicherheitsstellung und von der Nothwendigkeit der Genehmigung des Gegenvormundes oder des Vormundschaftsgerichts zu gewissen Handlungen kann der Pfleger bei der Zuwendung befreit werden.[1]

## IV. Theilung der Eltern unter Kindern.

A. L.R. II, 2 § 378. Von den — Gesetzen über die Erbfolge der Kinder und weiteren Abkömmlinge (§§ 300—376) können die Eltern durch letztwillige Verordnungen abweichen.

§ 379. Soll dadurch den Kindern und weiteren Abkömmlingen ihr Erbrecht genommen werden, so muß dergleichen letztwillige Verordnung mit allen gesetzlichen Erfordernissen eines gültigen Testaments versehen sein. (§ 431.)[2]

§ 380[a]. Betrifft hingegen die Verordnung nur die Grund-

---

[1] Die Großjährigkeitserklärung durch Testament findet künftig nicht mehr statt. Das Vormundschaftsgericht hat trotz der letztwilligen Verordnung eine Sacherörterung eintreten zu lassen und nach freiem Ermessen zu entscheiden.

Auch eine Verlängerung der Vormundschaft über den gesetzlichen Termin der Großjährigkeit hinaus ist unstatthaft.

[2] Eine privilegirte Form eines eigentlichen Testaments der Eltern (testamentum parentum inter liberos) kennt das A. L.R. nicht. Soll also auch nur eine theilweise Entziehung des gesetzlichen Erbrechts eintreten, so muß ein Testament in ordentlicher Form gemacht werden. (Koch.)

Unter Erbrecht wird, wie das Allegat § 431 ergiebt, verstanden, wenn den Kindern ihr Pflichttheil genommen, geschmälert oder belastet werden soll. Wenn daher in der § 480[a] nachgelassenen Form angeordnet worden ist, daß, wenn das eine oder andere der als Erben anerkannten Kinder mit den vorgeschriebenen Grundsätzen der Theilung nicht zufrieden sein sollte, ihm die Forderung des Pflichttheils freigestellt sei, so kann diese Verordnung wegen Mangels der Form eines wirklichen Testaments nicht angefochten werden. Vergl. Pr. des O.Tr. v. 13. Oktbr. 1865. (Koch.)

sätze, oder die Art der Theilung unter den Kindern, so ist es genug, wenn sie nur von dem Erblasser eigenhändig geschrieben und unterschrieben, oder von einem Notario und zweien Zeugen mündlich zum Protokolle erklärt worden.[1]

**A. L.R. II, 2 § 380$^{b}$.** Auch ist es zur Gültigkeit einer solchen Verordnung unter den Kindern hinreichend, wenn der Erblasser eine zwar nicht von ihm selbst geschriebene, aber doch auf allen Blättern und am Schlusse unterschriebene Disposition vor einem Notario und zweien Zeugen als die seinige unter der ausdrücklichen Versicherung, sie vorher durchgelesen zu haben, anerkennt, und dies Anerkenntniß unter dem Originale gehörig verzeichnet wird.[2]

---

[1] Die Quoten der Erbtheile kann der Testator in dieser Form nicht festsetzen, vielmehr nur die quantitative Vertheilung der Nachlaßstücke bestimmen und darüber Anordnungen treffen, was Jedem auf sein Erbtheil angerechnet werden soll. Zulässig ist es aber, die Theilung unter den Kindern in der Art anzuordnen, daß eins derselben den ganzen Nachlaß als Universalsuccessor oder Universalerbe erhält und die andern Kinder von ihm mit bestimmten Summen und Leistungen wegen ihres Erbtheils abgefunden werden sollen, daß also solchergestalt jenem gegenüber die übrigen Geschwister nach § 263 A. L.R. I, 12 nur als Legatarien zu betrachten sind. Erk. des O.Tr. v. 7. Nov. 1862.

Die in der Form einer privilegirten Disposition abgefaßte letztwillige Verordnung des Ueberlebenden der Eltern unter seinen Kindern kann wegen Mangels der Testamentsform nur dann angefochten werden, wenn dieselbe bezweckt, den Kindern ihren Pflichttheil zu nehmen, zu schmälern oder zu belasten. Liegt dieser Zweck nicht vor, so kann nur auf Ergänzung des Pflichttheils geklagt werden. Erk. des O.Tr. v. 5. Dezbr. 1860 und 13. Oktbr. 1865.

[2] Es genügt, wenn die Verordnung nur auf einer Seite jeden Blattes unterschrieben ist. Der Notar hat bei der Aufnahme dieses Aktes die Vorschriften der Notariatsordnung zu beobachten. (Koch.) Es versteht sich, daß die dispositio parentum inter liberos auch in der gewöhnlichen (gerichtlichen) Testamentsform errichtet werden kann. — Auch widerstreitet es nicht ihrem Wesen, daß sie mit einem andern Rechtsgeschäfte verbunden wird. Erk. des O.Tr. v. 17. März 1852.

A. L.R. II, 2 § 381. Ist in einer solchen ohne die Förmlichkeiten eines eigentlichen Testaments abgefaßten letztwilligen Verordnung (§§ 380[a], 380[b]) zu Gunsten des überlebenden Ehegatten, oder auch eines Dritten etwas verfügt, so wird dasselbe für nicht geschrieben angesehn.

§ 382. Die Verordnung selbst aber bleibt, soweit sie die Kinder betrifft, dennoch bei Kräften.

§ 383. Eltern können durch letztwillige, entweder in der Form eines wirklichen Testaments, oder auch einer privilegirten Disposition unter Kindern abgefaßte Verordnungen, ihren Nachlaß unter die Kinder ungleich vertheilen.

§ 384. Sie können verfügen, daß die noch Unausgestatteten vor den Ausgestatteten weniger, als die Ausstattungen oder Schenkungen der Letzteren betragen, oder auch gar nichts zum Voraus nehmen sollen.

§ 385. Sie können bestimmen: wie hoch die Ausstattungen oder Schenkungen, die einige Kinder von ihnen erhalten haben, bei der Theilung mit den übrigen angerechnet werden sollen.[1]

§ 386. Sie können eins oder das andere von den Kindern verpflichten, sich auch solche von ihnen erhaltene Gelder oder Sachen, oder auf sie verwendete Kosten auf ihren Erbtheil anrechnen zu lassen,' auf welche sonst bei der gesetzlichen Erbfolge keine Rücksicht genommen wird.

§ 387. Wenn jedoch die Eltern dergleichen Anrechnung (§§ 385, 386) verordnen, so müssen sie den Beitrag entwe-

---

[1] Wenn nämlich kein Werth bei der Ausstattung oder Schenkung bestimmt worden ist (§§ 340, 341) und keine Verletzung im Pflichttheile stattfindet. (Koch.)

der in der Disposition selbst, oder durch Bezug auf eine von ihnen anderswo geschehene Aufzeichnung hinlänglich bestimmen.

A. L.R. II, 2 § 388. Ermangelt diese Bestimmung, so wird der Befehl der Anrechnung selbst für nicht geschrieben geachtet.

§ 389. Auch durch letztwillige Verordnungen können Eltern ein Kind nicht verpflichten, etwas von demjenigen, was dasselbe einmal von ihnen eigenthümlich erhalten hat, wieder herauszugeben.[1]

§ 390. Was in der letztwilligen Verordnung der Eltern nicht bestimmt ist, muß nach den Regeln der gesetzlichen Erbfolge beurtheilt werden.

## V. Erbverträge.[2]

A. L.R. I, 12 § 618. Wer Erbverträge schließen will, muß mit den Eigenschaften versehen sein, welche sowohl zur Errichtung eines Testaments, als zur Abschließung eines Vertrages erforderlich sind.[3]

[1] A. L.R. II, 12 § 313. Ist jedoch in dem Nachlasse des verstorbenen Vaters nicht so viel vorhanden, daß die noch unversorgten Kinder die §§ 232, 233 beschriebene nothdürftige Ausstattung daraus erhalten können, so müssen ihre versorgten Geschwister das daran Fehlende ergänzen.

[2] Soll ein ganzer Vermögensinbegriff und zwar neben dem gegenwärtigen insbesondere auch das zukünftige Vermögen übertragen werden, so genügt dazu nicht ein Vitalitienvertrag in notarieller Form. Eine solche Uebertragung des gesammten zukünftigen Vermögens kann vielmehr nur als dispositio mortis causa aufgefaßt werden, und es gehört dazu, wenn unter Lebenden kontrahirt wird, die Form der Erbverträge, also die gerichtliche. Erk. des O.Tr. v. 27. Februar 1877.

[3] Ehefrauen können ohne Genehmigung ihres Ehemanns Erbverträge errichten, weil die Frau keine Verpflichtung übernimmt,

A. L.R. I, 12 § 619. Ermangeln dem Versprechenden die zum gültigen Kontrahiren erforderlichen Eigenschaften, so gilt der Erbvertrag auch nicht als eine einseitige letztwillige Verordnung, wenngleich zu dieser letztern der Kontrahent an sich nach den Gesetzen fähig wäre.

§ 620. Nur solche Sachen und Rechte, worüber Jemand durch einen letzten Willen zu verfügen berechtigt ist, kann er Andern durch Erbverträge zuwenden.[1]

§ 621. Erbverträge müssen, wie Testamente, gerichtlich abgeschlossen oder von beiden Theilen persönlich den Gerichten übergeben werden.[2]

---

durch welche sie die Rechte des Mannes auf ihre Person und ihr Vermögen kränkt. (Förster.)

Bei einem einseitigen Erbvertrage sind die durch § 618 vorgeschriebenen Eigenschaften nur für den Kontrahenten erforderlich, der über seinen Nachlaß verfügt. (Koch.)

[1] Das Preuß. Recht kennt auch den Vermächtnißvertrag oder partikularen Erbvertrag, bei welchem die Testirfreiheit nur in Bezug auf einzelne Sachen und Rechte beschränkt ist. (Förster.)

Auch fideikommissarische Substitutionen können Gegenstand des Erbvertrages sein. (Förster.)

[2] Bei solchen Ehestiftungen, in denen auch über die künftige Erbfolge der Eheleute etwas bestimmt ist, ist, wenn sie gerichtlich aufgenommen werden, die Zuziehung eines Protokollführers nothwendig. Erk. des O.Tr. vom 27. März 1854.

Auch Erbverträge unter Eheleuten bedürfen zu ihrer Gültigkeit der bei Testamenten zur Anwendung kommenden Form, selbst dann, wenn die Ehefrau darin von ihren Successionsrechten nichts aufgiebt. — Soll aber Letzteres geschehen, so ist die bloße gerichtliche Uebergabe des Erbvertrages nicht hinreichend, vielmehr muß die Aufnehmung desselben zum gerichtlichen Protokolle erfolgen, sonst ist die Frau berechtigt, ihn als ungültig anzufechten. Erk. d. O.Tr. vom 22. Okt. 1851 und 11. July 1864.

Die Handzeichen von schreibensunkundigen Kontrahenten müssen von zweien zugezogenen Männern bezeugt werden. Erk. des O.Tr. vom 17. Juny 1847. Dies gilt aber nicht bei einseitigen Erbverträgen von demjenigen Paziscenten, welcher über seinen künftigen Nachlaß nicht verfügt. (Koch.)

A. L.R. I, 12 § 622. Die privilegirte Form von Testamenten findet bei Erbverträgen nicht statt.[1]

§ 623. Auch bei der Aufbewahrung, Eröffnung und Zurückgabe der Erbverträge muß der Richter alles das beobachten, was bei den Testamenten vorgeschrieben ist.[2]

§ 624. Durch bloße Erbverträge wird die Befugniß der Kontrahenten, über ihr Vermögen unter Lebendigen zu verfügen, nicht eingeschränkt.

§ 627. Letztwillige Verordnungen finden gegen den Inhalt eines Erbvertrages nicht statt.

§ 628. Doch kann der Erblasser Vermächtnisse bis auf den zwanzigsten Theil seines Nachlasses errichten, wenn er nicht auch dieser Befugniß sich im Vertrage ausdrücklich begeben hat.[3]

§ 629. Ist der Erbvertrag nur über einen bestimmten

---

Der § 621 verlangt nicht bloß den gerichtlichen Abschluß oder die gerichtliche Uebergabe der Erbverträge, sondern auch insbesondere, daß bei der Aufnahme der Erbverträge der Richter alles das beobachte, was bei den Testamenten vorgeschrieben ist. Auch die Vorschrift des § 88 (Ernennung der Deputation durch den Vorgesetzten des Gerichts) findet auf Erbverträge Anwendung. Erk. des O.Tr. v. 10. May 1844 und 28. Septbr. 1860.

[1] Folglich gelten auch keine dorfgerichtlichen Erbverträge. (Koch.)

[2] Wenn die Geheimhaltung des Erbvertrags nicht verlangt, vielmehr die Prüfung und Ausfertigung desselben in Antrag gebracht wird, so kann sofort Ausfertigung ertheilt werden und die Versiegelung des Originals unterbleiben. Die Aufbewahrung geschieht dann bei den gerichtlichen Akten. Doch erklärt es der J.M. in seinem Bescheide vom 16. August 1840 für zweckmäßig, auch einen solchen Erbvertrag in dem Testamenten-Depositorium aufzubewahren; wenn eine Ausfertigung verlangt wird, dieselbe noch im Termine zu besorgen und über die Einsiegelung einen von den Parteien zu unterschreibenden Nachtrag zur Uebergabeverhandlung aufzunehmen. (Koch.)

[3] Diese Befugniß steht auch dem überlebenden Theile nach dem Tode des Andern noch zu. Erk. des O.Tr. v. 30. Oktober 1863.

Theil des Nachlasses errichtet, so fällt das übrige Vermögen dem ernannten Testaments- oder, in dessen Ermangelung, dem gesetzlichen Erben anheim.

A. L.R. I, 12 § 630. Ist in dem Erbvertrage die letztwillige Verfügung über eine gewisse Summe oder Sache vorbehalten, so finden deshalb, wenn keine Verfügung getroffen ist, die Verordnungen des eilften Titels §§ 1087, 1088 Anwendung.[1]

§ 631. Aus einem wechselseitigen Erbvertrage erlangt nur der Ueberlebende ein Erbrecht und die Erben oder Nachkommen des Erstverstorbenen haben insoweit auf den künftigen Nachlaß des Ueberlebenden keinen Anspruch.[2]

§ 632. Ist aber in dem Vertrage die Erbfolgeordnung nicht bloß zwischen den Kontrahenten, sondern auch in Ansehung ihrer Erben oder Nachkommen bestimmt, so ist eine solche Verordnung, insofern sie das eigene Vermögen der Kontrahenten betrifft, nach den Regeln der Fideikommisse und fideikommissarischen Substitutionen zu beurtheilen.[3]

---

[1] A. L.R. I, 11 § 1087. Hat Jemand eine rechtsgültige Schenkung seines ganzen Vermögens errichtet, sich aber die Verfügung über einen gewissen Theil oder eine gewisse Summe vorbehalten, so fallen diese, wenn der Schenkende gar keine Verfügung getroffen hat, in der Regel dem Beschenkten anheim.

§ 1088. Verläßt aber der Schenkende gesetzliche Erben in auf- oder absteigender Linie, oder Geschwister, oder Geschwisterkinder ersten Grades, so haben diese auf eine solche vorbehaltene Sache oder Summe vorzüglichen Anspruch.

[2] Auch bei einseitigen Erbverträgen kann der auf den Todesfall des Andern zu dessen Nachfolger Berufene, wenn er den Erbanfall nicht erlebt, das ihm eingeräumte Recht auf seine Erben nicht übertragen. Erk. des O.Tr. v. 22. Januar 1846.

[3] In einem solchen Falle können die Bestimmungen eines Erbvertrages durch letztwillige Verordnungen des überlebenden Paziscenten, der die Erbschaft aus dem Vertrage angetreten hat, auch nicht

A. L.R. I, 12 § 633. Fortwährende Successionsordnungen, welche die Nachkommen auch in Ansehung ihres eigenen Vermögens verpflichten sollen, können nicht durch bloße Erbverträge, sondern nur durch Familienschlüsse gültig errichtet werden.

§ 634. Gerichtliche, auf den Todesfall eingegangene, Erbverträge können einseitig nur so, wie Verträge unter Lebendigen, widerrufen werden.

§ 635. Haben beide Theile sich die Befugniß, von dem Erbvertrage nach Gutbefinden abzugehen, vorbehalten, so wird das Geschäft nur als ein Testament angesehen.

§ 636. Von dem Widerrufe eines solchen Erbvertrages gilt eben das, was von dem Widerrufe eines Testaments verordnet ist. (§ 587 sqq.)

§ 637. Sobald der eine Theil einen solchen Erbvergleich widerruft, verliert derselbe auch in Ansehung des andern seine Kraft.

§ 638. Hat jedoch der andere weder seines Orts ausdrücklich widerrufen, noch sonst letztwillig verordnet, so bestehen diejenigen Vermächtnisse, welche von ihm im Erbvertrage andern Personen, als solchen, die mit dem Widerrufenden als Verwandte oder besondere Freunde verbunden sind, ausgesetzt worden.

§ 639. Hat nur ein Theil die Befugniß zum Widerrufe sich vorbehalten, so wird dadurch der andere, ein Gleiches zu thun, noch nicht berechtigt.[1]

§ 640. Sobald aber der erste widerrufen hat, findet in

---

mehr rücksichtlich seines eigenen Vermögens zum Nachtheile der fideikommissarischen Erben abgeändert werden. Erk. des O.Tr. v. 5. Dez. 1842.

[1] Das soll heißen: es steht ihm nicht frei, willkürlich zuerst zu widerrufen. (Koch.)

Ansehung des zweiten die Vorschrift der §§. 637, 638 ebenfalls Anwendung.[1]

A. L.R. I, 12 § 643. Ist in dem Vertrage selbst der Befugniß, die Erbschaft auszuschlagen, ausdrücklich entsagt worden, so hat es dabei sein Bewenden.

§ 644. Doch kann auch ein solcher Vertragserbe zum Antritte der Erbschaft nur unter dem Vorbehalte der Rechtswohlthat des Inventars verpflichtet werden.

§ 646. Uebrigens gelten Erbverträge nur unter den Kontrahenten als Verträge; in Ansehung eines Dritten aber, dem darin etwas zugedacht worden, und der dem Vertrage nicht mit Bewilligung der Hauptkontrahenten ausdrücklich beigetreten ist, haben sie nur die Kraft einseitiger letztwilliger Verfügungen. (Tit. 5 §§ 75, 76, 77.)[2]

§ 647. Soweit Testamente wegen nicht eintreffender Bedingungen, wegen des von dem Erben verursachten Todes des Erblassers, oder wegen Dazwischenkunft ehelicher Kinder, so wie überhaupt durch Zufall entkräftet oder vereitelt werden, soweit werden unter eben den Umständen auch Erbverträge rückgängig.[3]

§ 649. Verträge, wodurch einer künftigen bestimmten Erbschaft entsagt, oder die Theilung einer solchen Erbschaft im

---

[1] Er darf gleichfalls widerrufen, nachdem der Andere seinerseits wirklich widerrufen hat. (Koch.)

[2] Daraus, daß der begünstigte Dritte nicht als Mitkontrahent gilt, sondern nur wie aus einer letztwilligen Disposition Rechte erwirbt, folgt Nichts für die Ungültigkeit des Erbvertrags bezüglich des Notherben, der letztere kann vielmehr auch dieser Disposition gegenüber nur auf Ergänzung des Pflichttheils klagen. Erk. des O.Tr. vom 3. Januar 1866.

[3] Unerlaubte Bedingungen werden vom O.Tr. als nicht beigefügt angesehen. Erk. v. 11. July 1864. Koch ist anderer Ansicht.

Voraus angeordnet wird, gelten nur unter Denjenigen, welche zu einer solchen Erbschaft als gesetzliche Miterben berufen sind.[1]

A. L.R. I, 12 § 650. Zu Gunsten eines Fremden gelten dergleichen Verträge nur alsdann, wenn derjenige, über dessen Nachlaß verfügt werden soll, dem Vertrage als Mitkontrahent ausdrücklich beitritt.[2]

§ 651. Im letzteren Falle ist aber auch dieser künftige Erblasser an einen solchen Vertrag, wie an seinen eigenen Erbvertrag gebunden, und darf demselben zuwider, so wenig durch Testamente, als durch spätere Erbverträge etwas verfügen.

§ 652. Es begreift also eine dergleichen gültige Entsagung des gesetzlichen Erbrechts auch die des Erbrechts aus einer letztwilligen Verordnung, so wie umgekehrt, unter sich.

§ 653. Wenn der, über dessen künftige Erbschaft ein solcher Vertrag geschlossen wird, eine verbindliche Willenserklä-

---

[1] Das Obertribunal hat am 25. Februar 1861 erkannt, daß die in den §§ 649—654 Tit. 12 erwähnten Entsagungs- und Theilungsverträge über eine künftige Erbschaft unter den dazu berufenen Miterben nur dann der gerichtlichen Form und Abschließung bedürfen, wenn ein solcher Vertrag zu Gunsten eines Fremden, d. h. einer nicht zu den gesetzlichen präsumtiven Erben des künftigen Erblassers gehörigen Person geschlossen werden soll und zugleich der künftige Erblasser selbst dem Vertrage wegen Unfähigkeit zu einer verbindlichen Willenserklärung nicht beitreten kann. — Anderer Ansicht ist Koch. Er verlangt die Form des Erbvertrags.

[2] Der künftige Erblasser muß durch seine Willenserklärung dem Fremden ein Erbrecht auf seinen Nachlaß geben; daraus entsteht ein Erbvertrag zwischen ihm und dem Fremden. § 651. Durch einen Vertrag, den ein Fremder mit dem muthmaßlichen nächsten Intestat- oder Testamentserben abschließt, kann der Fremde ein Erbfolgerecht in den Nachlaß des Dritten unmöglich erwerben. Ein solcher Vertrag würde den Charakter eines Kaufs einer künftigen Erbschaft haben und an sich als unsittlich null und nichtig sein. Tit. 11 § 446. (Koch).

rung abzugeben unfähig ist, so kann zwar der Vertrag auch ohne seinen Beitritt gültig geschlossen werden.

**A. L.R. I, 12 § 654.** Alsdann ist aber die gerichtliche Aufnehmung und Abschließung desselben zu seiner Gültigkeit nothwendig.

§ 656. Verträge, wodurch Eltern ihr Vermögen schon bei Lebzeiten ihren Kindern abtreten, sind bloß als Verträge unter Lebendigen anzusehn.

**A. L.R. II, 1 § 439.** Erbverträge können Eheleute sowohl vor, als nach der Verheirathung schließen.[1]

§ 440. Was von Erbverträgen überhaupt und von Verträgen unter Verlobten oder Eheleuten insonderheit verordnet ist, findet auch bei solchen Erbverträgen Anwendung.

§ 441. Doch ist die gerichtliche Aufnehmung eines Erbvertrages unter Eheleuten nur alsdann nothwendig, wenn die Frau dadurch an den nach den Gesetzen ihr zukommenden Rechten etwas verlieren soll.[2]

§ 442. Wenn Erbverträge unter Eheleuten durch gegenseitige Bewilligung wieder aufgehoben werden sollen, so muß

[1] Das durch einen Erbvertrag unter Eheleuten den aus ihrer Ehe vorhandenen Kindern verheißene Recht auf den nach dem Tode beider Eheleute verbleibenden Nachlaß wird, wenn auch der überlebende Ehegatte die Erbschaft aus dem Erbvertrage angetreten hat, durch die Geburt eines in einer nachfolgenden von ihm eingegangenen Ehe erzeugten, bei seinem Tode noch vorhandenen Kindes in Beziehung auf seinen Nachlaß zwar rückgängig; der überlebende Ehegatte ist aber nicht berechtigt, selbst durch letztwillige Disposition die zu Gunsten der Kinder erster Ehe getroffenen Bestimmungen zu ihrem Nachtheile abzuändern; sondern bleibt insofern beschränkt, daß er es hinsichtlich der Kinder bei der Intestaterbfolge in seinen Nachlaß belassen muß. Erk. des O.Tr. v. 3. Okt. 1849.

[2] Vergl. die Anmerkungen zu den §§ 618, 621 A. L.R. I. 12 (Abschn. V).

Der Ehefrau ist ein Beistand zuzuordnen. Erk. des O.Tr. v. 24. Febr. 1851.

diese Einwilligung, sobald dabei die Frau im Verhältnisse gegen die in dem Vertrage ihr zugesicherten Rechte etwas verlieren soll, gerichtlich erklärt werden.

**A. L.R. II, 1 § 447.** Wenn es nach der Fassung zweifelhaft ist, ob Eheleute einen Erbvertrag, oder nur ein wechselseitiges Testament haben errichten wollen, so wird Letzteres vermuthet.[1]

---

[1] Koch's Lehrbuch des Preußischen Gem. Privatrechts.

Ist nur eine Singularsuccession verabredet, so gelten die Grundsätze von Vermächtnissen.

Dergleichen Vermächtnisse sind:

1) Das Ehevermächtniß, d. i. dasjenige, was die Ehefrau dem Manne für den Fall ihres früheren Ablebens auf ihren Nachlaß anweiset. Besteht dies in einem Theile der Verlassenschaft (pars quota), so ist der Ehemann Miterbe. Vor dem Ableben der Ehefrau hat dieserhalb der Mann keine besondern Rechte in dem Vermögen der Frau: er steht einem andern Legatarius oder eingesetzten Erben gleich.

2) Das Gegenvermächtniß, d. i. dasjenige, was der Mann der Frau aus seinem Vermögen auf den Fall seines frühern Ablebens aussetzt. Diese von einem gewöhnlichen Vermächtnisse sehr verschiedene Vermögensart giebt der Frau ein schon gegenwärtiges, aber bedingtes Forderungsrecht, welches gleich dem Eingebrachten schon bei Lebzeiten des Mannes gesichert werden muß. Ist die Summe des Gegenvermächtnisses nicht festgesetzt, wohl aber die Absicht ersichtlich, daß es mit dem Eingebrachten in Verhältniß stehen solle, so ist die Hälfte des Eingebrachten als Gegenvermächtniß anzunehmen. Fehlt diese Absicht, so wird der Betrag des Ehevermächtnisses für das Gegenvermächtniß angenommen; ist auch kein Ehevermächtniß ausgesetzt, so ist die Verabredung in Betreff des Gegenvermächtnisses unwirksam, und der Frau steht die gesetzliche Erbfolge zu.

Das Gegenvermächtniß kann in einer Sache oder Summe, die mit dem Tode des Mannes ein freies und unwiderrufliches Eigenthum der Frau wird, oder in einem jährlichen, nur eine gewisse Zeit dauernden Genusse bestehen.

Ist es der Nießbrauch gewisser Güter oder Kapitalien, so heißt das Gegenvermächtniß ein Leibgedinge; ist es eine jährliche, wenngleich auf die Nutzungen eines Grundstücks oder auf die Zinsen eines Kapitals angewiesene Summe zum Unterhalte während des Wittwenstandes, so wird es Witthum genannt.

A. L.R. II, 2 § 483. Auch mit den Kindern selbst können Eltern dergleichen Erbverträge schließen.

§ 484. Doch können Verträge, wodurch ein Kind von dem Nachlasse der Eltern ganz ausgeschlossen oder im Pflichttheile verkürzt werden soll, nur mit volljährigen, der väterlichen Gewalt entlassenen Kindern und nur vor deren ordentlichen Gerichten geschlossen werden.[1]

---

Das Preußische Recht stellt beide Vermögensarten einander gleich und setzt den Unterschied bloß in den Gegenstand.

Die dafür vorgeschriebenen Regeln sind:

a) Ist der Betrag des Witthums unbestimmt geblieben, so wird er durch richterliches Ermessen auf soviel festgesetzt, als nach Abzug der Nutzungen des eigenen Vermögens der Frau zu ihrem nothdürftigen Unterhalte für ihren Stand noch erforderlich ist; reichen die eigenen Vermögenseinkünfte dazu hin, so kommt der Wittwe ein Viertel des richterlich ermessenen Unterhalts zu, und wenn die Nutzungen oder Zinsen, auf welche die bestimmte oder richterlich ausgemessene Summe vertragsmäßig angewiesen ist, unzureichend sind, muß das Fehlende aus dem übrigen Nachlasse gegeben werden.

b) Der Wittwe steht die Forderung ihres Eingebrachten und des ihr zugesicherten Gegenvermächtnisses (Leibgedinges oder Witthums) nicht bloß alternativ, sondern kumulativ zu. Ist jedoch die Wahl der einen oder andern Vermögensart ausbedungen und soll die Frau wählen, so ist sie erst nach Ablauf des Trauerjahres sich zu erklären verbunden.

c) Soll die Frau gegen das ihr zugesagte Leibgedinge oder Witthum ihr Eingebrachtes den Erben des Mannes zurücklassen, so ist das Geschäft in jeder Hinsicht ein zweiseitiges, sonst aber ein freigebiges.

d) Das Leibgeding oder Witthum, welches aus Freigebigkeit zugesagt ist, endet mit der Wiederverheirathung und mit der richterlichen Ueberweisung einer öffentliches Aergerniß gebenden, liederlichen Lebensart der Wittwe und lebt durch Besserung oder Wiedereintritt des Wittwenstandes nicht wieder auf, wogegen das lästig erworbene Recht nur mit dem Tode der Wittwe erlischt.

[1] Ohne Unterschied, ob die Entsagung gegen Abfindung, oder unter Umständen erfolgt, wo das entsagende Kind schon von dem

**A. L.R. II, 2 § 486.** Sind aber die andern Kinder, der Ehegatte, oder zu wessen Gunsten sonst der Vertrag geschlossen worden, vor dem Eintritte des Erbanfalls abgegangen, und hat auch der den Vertrag schliessende Theil der Eltern keine letzte Willensverordnung hinterlassen, so gelangt das vorhin ausgeschlossene Kind dennoch zur gesetzlichen Erbfolge.

§ 487. Verwandte in der aufsteigenden und Seitenlinie können daher ein solches Kind von dem Nachlasse der Eltern nur insofern ausschliessen, als der Vertrag mit denselben ausdrücklich zu ihren Gunsten errichtet worden.

## VI. Gesetzliche Erbfolge

### 1) der Ehegatten.

**A. L.R. II, 1 § 495.** Haben die Eheleute die Erbfolge weder durch Verträge, noch durch letzte Willensverordnungen bestimmt, so wird nach den Statuten oder Provinzialgesetzen des letzten persönlichen Gerichtsstands des Verstorbenen verfahren.

A. § 78. Von dieser Bestimmung macht auch das unbewegliche Vermögen der Eheleute keine Ausnahme, ob dieses sich gleich unter einer andern Gerichtsbarkeit befindet.

§ 496. Haben die Eheleute während der Ehe ihren Wohnsitz verändert, so hat der überlebende die Wahl, ob er nach den Gesetzen des letzten persönlichen Gerichtsstands des Verstorbenen, oder nach den Gesetzen desjenigen Orts, wo die Eheleute zur Zeit der vollzogenen Heirath ihren ersten Wohnsitz genommen haben, erben wolle.[1]

---

Parens Zuwendungen erhalten hatte, die es auf seinen Erbtheil sich anrechnen lassen müßte.

[1] Das Wahlrecht ist nicht vererblich. Erk. des O.Tr. v. 13. Oktbr. 1854 und 14. May 1858.

**A. L.R. II, 1** § 497. In zweifelhaften Fällen gilt die Vermuthung, daß der dem überlebenden Ehegatten durch solche Gesetze bestimmte Erbtheil demselben durch Testamente nicht geschmälert oder gar genommen werden könne.[1]

§ 499. Nur insofern, als der überlebende Ehegatte sich solche Handlungen, die eine Scheidung begründen würden, hat zu Schulden kommen lassen, kann ihm sein statutarischer Erbtheil durch letztwillige Verordnungen geschmälert oder genommen werden.[2]

§ 502. Gleichergestalt nehmen Diejenigen, welchen nach Provinzialgesetzen oder Statuten Heergeräthe, Gerade oder Niftel zukommen, die dazu gehörigen Stücke.[3]

§ 513. Denjenigen, welchen ein Recht auf Heergeräthe, Gerade und Niftel zukommt, kann dasselbe durch letztwillige Verordnungen nicht entzogen werden.

---

Das in diesen §§ (495, 496) dem überlebenden Ehegatten verstattete Wahlrecht findet in dem Falle nicht Anwendung, sondern ist ausgeschlossen, wenn nach den Gesetzen des ersten Wohnorts die eheliche Gütergemeinschaft zwischen den Eheleuten eingeführt ist. Erk. des O.Tr. vom 29. August 1836.

[1] Der provinzialrechtliche oder statutarische Erbtheil soll, wenn nicht das Gegentheil erhellet, ganz und gar als Pflichttheil gelten, der landrechtliche nur zur Hälfte. (Koch.)

[2] Vergl. Abschn. III, 8c. Die Enterbungsursachen müssen Verschuldungen sein. (Koch.)

[3] K.O. v. 21. Juny 1805 hebt den Anfall des Heergeräthes, der Gerade und Niftel an den Fiskus auf.

In den mit den preußischen Landen vereinigten ehemaligen sächsischen Provinzen und Distrikten ist die durch die Verordnung des ehemaligen russischen Generalgouvernements von Sachsen v. 24. May 1814 erfolgte Aufhebung der statutarischen und herkömmlichen Erbrechte der Gerade und des Heergeräthes durch das Publ.-Pat. vom 15. Nov. 1816 § 10 bestätigt. (Koch.)

A. L.R. II, 1 § 543. Auch das eigenthümliche Vermögen der Ehegatten ist von dem Nachlasse des Verstorbenen abzusondern.

§ 544. Bei dieser Absonderung kommt dem Manne, dessen Erben oder Gläubigern im zweifelhaften Falle die Vermuthung zu statten, daß das Vorhandene zu seinem Vermögen gehöre.

§ 550. Hat der Mann das baar eingebrachte Geld auf den Namen der Frau ausgeliehen, so haben die Frau oder deren Erben die Wahl: ob sie das ausgeliehene Kapital übernehmen oder baare Rückzahlung fordern wollen.

§ 559. Hat die Frau dem Manne Mobilien eingebracht, ohne daß dieselben zu einem gewissen Werthe angeschlagen worden, so gehören nur die zur Zeit der getrennten Ehe erweislich noch vorhandenen Stücke zu ihrem Vermögen.

§ 560. Sind an der Stelle der nicht mehr vorhandenen Stücke andre angeschafft worden, so können die Frau oder deren Erben die letzteren statt der eingebrachten zurücknehmen.

§ 561. Außerdem sind aber der Mann oder dessen Erben zu einer Schadloshaltung wegen der nicht mehr vorhandenen oder am Werthe verringerten Stücke nur insofern verbunden, als die Vernichtung, Veräußerung oder Verringerung durch Vorsatz oder grobes Versehen des Mannes erfolgt ist.

§ 562. Mobilien, welche die Frau von ihrem vorbehaltenen Vermögen angeschafft und zum gemeinschaftlichen Gebrauche hergegeben hat, werden den eingebrachten gleich geachtet.

§ 563. Hat die Frau ihre eingebrachten Mobilien dem Manne zu einem gewissen Preise ausdrücklich verkauft, so können sie oder ihre Erben nur den rückständigen Kaufpreis von dem Manne, oder aus dessen Nachlaß fordern.

§ 564. Sind die Mobilien dem Manne nicht verkauft,

sondern nur nach einem gewissen Anschlage eingebracht worden, so haben die Frau oder deren Erben die Wahl zwischen den Mobilien selbst und deren angeschlagenem Werthe.

**A. L.R. II, 1 § 565.** Fällt die Wahl auf die Mobilien, so gelten die §§ 559—561 vorgeschriebenen Grundsätze.

§ 586. Wegen gemachter Verbesserungen[1] können der Mann oder dessen Erben nur insofern Vergütung fordern, als ein Nießbraucher überhaupt nach den Gesetzen dazu berechtigt ist.

§ 621. Der solchergestalt ausgemittelte reine Nachlaß des verstorbenen Ehegatten wird unter die nahen Blutsverwandten und den überlebenden Ehegatten vertheilt.

§ 622. Für nahe Verwandte werden Diejenigen geachtet, welche von dem Erblasser nicht weiter als im sechsten Grade voller oder halber Geburt entfernt sind.

§ 623. Hinterläßt der Verstorbene Verwandte in absteigender Linie, so ist der überlebende Ehegatte nur Erbe zum vierten Theile.

§ 624. Sind mehr als drei absteigende Linien vorhanden, so erbt der überlebende Ehegatte nur Kindes Theil.

§ 625. Hinterläßt der Verstorbene nur Verwandte in aufsteigender Linie, Geschwister oder Geschwisterkinder ersten Grades, so ist der überlebende Ehegatte Erbe zu einem Drittel.

§ 626. Sind nur Verwandte in entferntern Graden vorhanden, so erbt der überlebende Ehegatte die Hälfte.

§ 627. Sind gar keine nahen Verwandten vorhanden, so erbt der überlebende Ehegatte den ganzen Nachlaß.

§ 628. In allen Fällen, wo der überlebende Ehegatte mit Verwandten des Verstorbenen in der aufsteigenden, oder Seiten-

[1] An den eingebrachten Grundstücken.

linie an der Erbschaft Theil nimmt, gebührt demselben alles Bett- und Tischzeug, welches die Eheleute im gewöhnlichen Gebrauche gehabt haben, zum Voraus.

**A. L.R. II, 1 § 629.** Ein Gleiches gilt von Möbeln und Hausrath, insofern dieselben nicht als Zubehör eines Grundstücks oder einer Gerechtigkeit anzusehen sind.

**A. L.R. II, 2 § 324.** Der Ehegatte nimmt den ihm zukommenden Erbtheil aus der Masse, ehe noch die Ausgleichungssummen für die unausgestatteten Kinder davon abgezogen werden.

## 2) der Kinder und andern Verwandten in absteigender Linie.

**A. L.R. II, 2 § 287.** Kosten, welche der Vater auf die Kinder verwendet hat, werden denselben auf die Substanz ihres eigenthümlichen Vermögens nicht angerechnet.

§ 288. Selbst bei der eigentlichen Ausstattung findet dergleichen Anrechnung in der Regel nicht statt.

§ 289. Wenn aber der Vater ausdrücklich erklärt hat, daß dergleichen Verwendungen den Kindern auf ihr eigenthümliches Vermögen angerechnet werden sollen, so müssen diese sich die Anrechnung insoweit gefallen lassen, als die Verwendungen den Nießbrauch, welchen der Vater von ihrem Vermögen gehabt hat, übersteigen.

§ 290. Es wird aber alsdann eine deutliche, bestimmte und gewisse, wenngleich nur mündliche Willenserklärung des Vaters erfordert.

§ 291. Die bloße Anzeichnung der auf ein Kind verwendeten Kosten ist für eine solche Erklärung nicht zu achten.

§ 292. Hat der Vater Kindern, die eigenes Vermögen

besitzen, bei ihrer Verheirathung oder anderweiten Niederlassung außer der eigentlichen Ausstattung einen Brautschatz oder Mitgabe zugewendet, so gilt die rechtliche Vermuthung, daß es aus dem eigenthümlichen Vermögen der Kinder geschehen sei.

A. L.R. II, 2 § 293. Dergleichen besondere Mitgabe muß sich also das Kind auf sein Vermögen anrechnen lassen, insofern nicht der Vater das Gegentheil deutlich und bestimmt erklärt hat.

§ 302. Kinder beerben ihre Eltern zu gleichen Theilen.

§ 303. Haben einige Kinder von dem Erblasser bei dessen Lebenszeit etwas zur Ausstattung erhalten, so muß jedem der übrigen ebensoviel aus der Erbschaft vor deren Theilung zum Voraus verabfolgt werden.[1]

§ 304. Unter Ausstattung wird hier Alles verstanden, was Kinder bei ihrer Verheirathung, bei Errichtung einer besondern Wirthschaft, bei Anstellung eines eigenen Gewerbes, oder bei Uebernehmung eines Amtes erhalten haben.

§ 306. Ob dergleichen Ausstattung noch vorhanden sei, oder nicht, macht bei der Erbtheilung in der Regel keinen Unterschied.

§ 307. Zinsen oder andere Nutzungen kommen dabei niemals in Anrechnung.[2]

§ 308. Eine durch schriftlichen Vertrag versprochene, aber noch nicht wirklich gegebene Ausstattung wird als Schuld von

---

[1] Ob die Kollation nach dem L.R. ebenso wie nach gemeinem Recht auch bei der testamentarischen Erbfolge statt hat, ist bestritten. Dafür Erk. des O.Tr. vom 11. Juny 1855, Hinschius und Bornemann. Dagegen Wille, Koch, Förster. (Koch.)

[2] Also auch nicht aus der Zeit nach dem Tode des Erblassers. (Koch.)

dem Nachlasse abgezogen, und hat übrigens mit der wirklich gegebenen gleiche Rechte.

**A. L.R. II,** 2 § 327. Alles, was von der Ausstattung der Kinder und der deshalb unter ihnen zu treffenden Gleichheit vorstehend § 303 sqq. verordnet ist, gilt auch in Ansehung der denselben von dem Erblasser gemachten Geschenke.

§ 328. Doch ist dieses nur auf solche Schenkungen zu deuten, die in Grundstücken, Gerechtigkeiten, oder ausstehenden Kapitalien bestanden haben.[1]

§ 348. Enkel und Abkömmlinge weiterer Grade gelangen zur Erbfolge nach den Linien, in welchen sie von dem Erblasser abstammen.

§ 352. So oft daher in einer Linie der nähere Descendent nicht Erbe sein kann oder will, fällt sein Erbrecht auf die von ihm abstammenden weiteren Descendenten.[2]

§ 353. Enkel gelangen also zur Erbfolge der Großeltern, auch wenn sie ihrer vorher verstorbenen Eltern Erben nicht geworden sind.

---

[1] Der Ausdruck, „ausstehende Kapitalien" begreift auch die auf jeden Inhaber lautenden Staatspapiere unter sich. Pr. des O.Tr. vom 19. Juny 1842.

Gegebenes baares Geld gehört nicht zu den zu konferirenden Kapitalien. Erk. des O.Tr. vom 24. Juny 1850.

Das von Eltern an Kinder unter dem Vorbehalte der Abrechnung auf das künftige Erbtheil gegebene Darlehn ist nicht für eine kollationspflichtige Schenkung zu erachten, braucht aber erst nach dem Tode der Eltern zurückgezahlt zu werden. Erk. des O.Tr. v. 24. Sept 1852.

[2] Die Praxis nimmt als unzweifelhaft an, daß der Gesetzgeber überall von den Grundsätzen des Repräsentativsystems, oder aber von der Absicht ausgegangen ist, daß Enkel und weitere Abkömmlinge in jeder Beziehung ganz in die Stelle ihrer verstorbenen Eltern treten, und ein Mehreres, als was diesen gebührt haben würde, niemals in Anspruch nehmen dürfen. Entsch. des O.Tr. Band 17 S. 311. (Koch.)

A. L.R. II, 2 § 354. Nicht weniger alsdann, wenn ihre Eltern von den Großeltern enterbt worden sind.

§ 355. Ingleichen alsdann, wenn ihre Eltern der Erbschaft der Großeltern entsagt haben.

§ 357. Haben Kinder über ihr Erbrecht auf den Nachlaß der Eltern durch einen mit den Eltern selbst, oder auch mit Andern geschlossenen Vertrag verfügt, so können, insofern sie selbst den Erbanfall erleben, ihre Abkömmlinge dergleichen Vertrag nicht anfechten.

§ 358. Sind aber die Kinder, welche dergleichen Vertrag geschlossen haben, vor wirklich eingetretenem Erbanfalle verstorben, so sind deren Descendenten nur soweit, als sie ihrer Eltern Erben geworden, an den Vertrag gebunden.

§ 363. Was Enkel oder Abkömmlinge weiterer Grade, während der Lebenszeit ihrer unmittelbaren Eltern, von den Großeltern erhalten, kann weder den Eltern, noch ihnen selbst, bei der Theilung mit den andern Linien angerechnet werden.

§ 364. Haben aber Großeltern nach dem Tode ihrer Kinder einem von selbigen hinterlassenen Enkel eine Ausstattung oder ein nach § 328 der Anrechnung überhaupt unterworfenes Geschenk zugewendet, so wird dasselbe der Linie, wozu der Ausgestattete oder Beschenkte gehört, allerdings angerechnet.

§ 365. Unter den Theilnehmern in einer und derselben Linie geschieht die Ausgleichung ebenso, als wenn der begünstigte Enkel die Ausstattung oder das Geschenk von seinen unmittelbaren Eltern erhalten hätte.

§ 639. Uneheliche Kinder treten weder in die Familie des Vaters noch der Mutter.

§ 647. Stirbt der Vater vor vollendeter Erziehung, so

können die unehelichen Kinder die Aussetzung des dazu noch Fehlenden aus dem Nachlasse fordern.[1]

**A. L.R. II,** 2 § 648. Sind eheliche Kinder vorhanden, so kann dieser Aussatz nur auf die Nutzung des Nachlasses angewiesen werden und darf dieselbe nicht übersteigen.

§ 649. Sind aber keine ehelichen Kinder vorhanden, so muß das Fehlende erforderlichen Falles auch aus der Substanz genommen werden.

§ 650. Sind alle vorhandenen ehelichen Kinder, oder einige derselben ebenfalls noch unerzogen, und sind die Nutzungen des Nachlasses zu ihrer aller Erziehung nicht hinreichend, so ist die Einrichtung so zu treffen, daß den ehelichen noch einmal so viel als den unehelichen ausgesetzt werde.

§ 651. Außerdem haben uneheliche Kinder, wenn der Vater Abkömmlinge aus einer Ehe zur rechten oder zur linken Hand hinterläßt, in seinem Nachlasse gar kein gesetzliches Erbrecht.

§ 652. Sind keine dergleichen eheliche Abkömmlinge, und auch keine letztwillige Verordnung des Vaters vorhanden, so gebührt den unehelichen Kindern der sechste Theil des Nachlasses nach den §§ 581—583 enthaltenen näheren Bestimmungen.

— A. § 97. Doch gebühren dem unehelichen Kinde nicht zu gleicher Zeit gesetzliche und versprochene Alimente, vielmehr

---

[1] **§ 19 des Ges. v. 24. April 1854: „Weder in den Ansprüchen der Geschwängerten, noch in denen des Kindes wird durch den Tod des Schwängerers etwas geändert; diese Ansprüche können vielmehr auch gegen dessen Erben verfolgt werden."**

steht ihm nur zu, die gedachten Alimente, oder den sechsten Theil des Nachlasses zu wählen.[1]

A. L.R. II, 2 § 691. Auch auf das Vermögen der annehmenden Eltern, soweit dasselbe der freien Verfügung derselben unterworfen ist, erlangt das angenommene Kind alle Rechte der aus einer Ehe zur rechten Hand herstammenden Kinder.

§ 694. Hingegen erlangt der annehmende Vater über das Vermögen des angenommenen Kindes die Rechte des natürlichen Vaters weder unter Lebendigen, noch auf den Todesfall.

§ 702. Dagegen bleibt dem angenommenen Kinde sein gesetzliches Erbrecht auch auf den Nachlaß seiner natürlichen Eltern.

§ 603. Durch diese[2] Legitimation erhält das Kind den Stand des Vaters und in Ansehung seiner alle Rechte und Pflichten eines ehelichen Kindes.

### 3) der Eltern und anderen Verwandten in aufsteigender Linie.

A. L.R. II, 2 § 489. In Ermangelung der Verwand-

[1] Mehrere theilen, ohne Unterschied, ob sie von einer Mutter oder von mehrern Müttern sind, nach Köpfen. (Koch.)

§ 19 des Gesetzes vom 24. April 1854: „Das gesetzliche Erbrecht am Nachlasse des Vaters steht aber dem unehelichen Kinde nur zu, wenn es entweder

1) ein ausdrückliches, in einer öffentlichen Urkunde abgegebenes Anerkenntniß der Vaterschaft beizubringen vermag oder
2) der Erblasser in einem bei seinen Lebzeiten ergangenen, wenn auch erst nach seinem Tode rechtskräftig gewordenen, Urtheile als Vater des Kindes erachtet, oder die Vaterschaft von einem der Mutter des Kindes oder dessen Vertreter auferlegten Eide abhängig gemacht ist.

[2] Per rescriptum principis erfolgte.

ten absteigender Linie gelangen die leiblichen Eltern des Verstorbenen mit Ausschließung seiner Geschwister zur gesetzlichen Erbfolge.

**A. L.R. II, 2 § 490.** Sind beide Eltern noch am Leben, so erben dieselben zu gleichen Theilen.

§ 491. Ist nur noch einer von den Eltern vorhanden, so überkommt derselbe den ganzen Nachlaß.

§ 492. Ist keiner von den Eltern mehr am Leben, so werden die weiteren Verwandten in aufsteigender Linie von den vorhandenen vollbürtigen Geschwistern des Erblassers und deren Abkömmlingen ausgeschlossen.

§ 463. Hinterläßt der Verstorbene nur halbbürtige Geschwister, oder davon Abkömmlinge, so gelangen diese mit den aufsteigenden Verwandten weiterer Grade zugleich zur Erbfolge.

§ 494. Die Halbgeschwister und deren Descendenten nehmen alsdann die eine, und die Verwandten in aufsteigender Linie die andere Hälfte des Nachlasses.

§ 495. Hinterläßt der Verstorbene gar keine Geschwister, noch deren Descendenten, so beerben ihn die Verwandten in aufsteigender Linie allein, mit Ausschließung aller übrigen Seitenverwandten.

§ 497. Unter den Verwandten in aufsteigender Linie, sie mögen allein oder mit Halbgeschwistern zugleich zur Erbfolge gelangen, schließt allemal der dem Grade nach nähere die entfernteren aus.

§ 498. Sind mehrere gleich nahe Verwandte in aufsteigender Linie vorhanden, so erben dieselben die Portion dieser Linie zu gleichen Theilen.[1]

---

[1] In der aufsteigenden Linie wird allemal nach der Nähe des

## 4) der Seitenverwandten.

**A. L.R. II, 3 § 31.** Unter den Seitenverwandten werden zuerst die Geschwister zur gesetzlichen Erbfolge berufen.

§ 35. Vollbürtige Geschwister und deren Abkömmlinge schließen die halbbürtigen aus.

§ 37. Sind von den Geschwistern einige oder alle mit Hinterlassung von Abkömmlingen vor dem Erblasser gestorben, so wird die Erbschaft nach den Linien getheilt.

§ 38. In der Portion jeder Linie theilen sich die unter denselben stehenden Unterlinien nach eben den Regeln, die bei der Erbfolge der Descendenten im 2. Titel §§ 351—358 vorgeschrieben worden.

§ 39. So oft daher in einer Linie eine dem Erblasser dem Grade nach nähere Person dessen Erbe nicht sein kann oder will, fällt ihr Erbrecht auf die von ihr abstammenden weiteren Descendenten.

§ 40. Wenn gleich Abkömmlinge von Geschwistern ihrer eigenen Eltern Erben nicht geworden sind, so hat doch dieses auf ihr Erbrecht in dem Nachlasse der Geschwister ihrer Eltern keinen Einfluß.

§ 41. Sind weder vollbürtige Geschwister, noch Abkömmlinge von selbigen vorhanden, so gelangen die Halbgeschwister und deren Descendenten zur Erbfolge.

§ 46. Sind weder Verwandte in auf- oder absteigender Linie, noch Geschwister oder deren Abkömmlinge vorhanden, so gelangen die übrigen Seitenverwandten zur Erbfolge.

---

Grades, und bei gleicher Nähe zu gleichen Theilen, folglich nicht in lineas, sondern in capita succedirt. (Koch.)

A. L.R. II, 3 § 48. Seitenverwandte erben nach der Nähe des Grades ihrer Verwandtschaft mit dem Erblasser.[1]

§ 49. Der nähere Grad schließt den entferntern aus.

§ 50. Eltern, die vor dem Erblasser gestorben sind, verfällen dabei niemals ihr Erbrecht auf ihre Kinder.

§ 51. Mehrere Personen gleichen Grades erben zu gleichen Theilen.

§ 52. Es macht keinen Unterschied, ob die Seitenverwandten von des Vaters oder von der Mutter Seite durch volle oder nur durch halbe Geburt mit dem Erblasser verbunden sind.

## VII. Pflichttheil.

A. L.R. II, 1 § 631. Die Hälfte der durch Gesetz dem überlebenden Ehegatten bestimmten Erbportion ist als ein Pflichttheil anzusehen.[2]

---

[1] Nämlich andere Seitenverwandte als voll- und halbbürtige Geschwister und deren Abkömmlinge. Die Nähe bestimmt sich nach der Zeit des Todes des Erblassers. (Koch.)

[2] Der auf den Pflichttheil eingesetzte Ehegatte kann außer demselben nicht noch sonstige dem Ueberlebenden im Gesetze vorbehaltene Vortheile in Anspruch nehmen. Erk. des O.Tr. vom 1. Oktober 1852. Der Pflichttheil des überlebenden Ehegatten umfaßt daher nicht das Voraus der §§ 628 sqq. d. T. (Koch.)

Vergl. Anm. zu § 497 A. L.R. II, 1 oben Absch. VI, 1 und § 632 A. L.R. II, 1 oben Absch. III, 8.

Bei der Berechnung des Pflichttheils sind die Kinder, welche ihrem Erbrechte durch gültigen Vertrag entsagt haben, nicht mitzuzählen. Der § 488 A. L.R. II, 2 betrifft die Entsagungen der Kinder nur mit Rücksicht auf die übrigen Kinder und ist als eine Spezialbestimmung für diese anzusehen, auf welche sich die Hinweisung im § 633 nicht erstreckt. Erk. des O.Tr. v. 26. Januar 1873 (Koch.)

A. L.R. II, 2 § 392. Der Pflichttheil ist, wenn nur ein oder zwei Kinder vorhanden sind, ein Drittel; wenn drei oder vier Kinder vorhanden sind, die Hälfte, und wenn mehr als vier Kinder vorhanden sind, zwei Drittel desjenigen, was jedes Kind zum Erbtheil erhalten haben würde, wenn die gesetzliche Erbfolge stattgefunden hätte.[1]

§ 607. Hatte der Vater zu der Zeit, als er das uneheliche Kind[2] legitimiren ließ, schon eheliche Descendenten, und verläßt er in der Folge einem derselben nur den Pflichttheil, so wird bei dessen Berechnung das legitimirte Kind nicht mitgezählt.

§ 417. Ein rechtmäßig enterbtes Kind wird bei Berechnung des Pflichttheils der übrigen mitgezählt.

§ 488. Kinder, die ihrem Erbrechte durch einen gültigen Vertrag entsagt haben, werden bei Berechnung des Pflichttheils der übrigen mitgezählt.[3]

§ 393. Nur den wirklichen Betrag der erhaltenen Ausstattung und der § 328 beschriebenen Geschenke ist ein Kind sich auf diesen Pflichttheil anrechnen zu lassen schuldig.

§ 394. Durch andere Anrechnungen können die Eltern denselben nicht schmälern.

---

[1] Bei der Berechnung des Pflichttheils für Enkel und weitere Abkömmlinge sind die in den betreffenden Gesetzen in Betreff der Kinder getroffenen Bestimmungen in der Weise maßgebend, daß die Enkel und weiteren Abkömmlinge, ohne Rücksicht auf ihre Anzahl, niemals eine größere Quote als Pflichttheil in Anspruch nehmen können, als diejenige, welche ihrem verstorbenen Ascendenten als einem Kinde des Erblassers gebührt haben würde. Pr. d. O.Tr. v. 30. Oktbr. 1848.

[2] Durch obrigkeitliche Deklaration.

[3] Nämlich bei der Frage: wie hoch der Pflichttheil der übrigen zu bestimmen, nicht aber bei der Frage: wie die auf die Pflichttheilsberechtigten fallende Quote der Verlassenschaft zu vertheilen sei. Hierbei zählt der Entsagende (oder Enterbte) nicht mit. (Koch.)

A. L.R. II, 2 § 395. Hat jedoch der Erblasser für einen seiner Abkömmlinge Schulden, zu deren Anerkennung er nach den Gesetzen nicht verpflichtet war, dennoch bezahlt, so ist er das Gezahlte demselben auf seinen Pflichttheil anzurechnen wohl befugt.[1]

§ 396. Alles, was einem Kinde auf den Sterbefall, es sei unter welchem Namen es wolle, von den Eltern zugewendet wird, ist auf den Pflichttheil anzurechnen.

§ 502. Der Pflichttheil ist bei jedem Verwandten in aufsteigender Linie ohne Unterschied der Zahl, die Hälfte des ihm nach der gesetzlichen Erbfolge zukommenden Antheils.

§ 504. Hinterläßt der Verstorbene zwar Verwandte in absteigender Linie, die er aber aus einer wahren und gesetzmäßigen Ursache enterbt hat, so muß er denjenigen Ascendenten, welche das Gesetz in Ermangelung der Abkömmlinge zur Erbfolge ruft, den Pflichttheil verlassen.

§ 505. Haben aber die Abkömmlinge des Verstorbenen sich ihres Erbrechts begeben, so können, wenn diese den Erbanfall erleben, die Ascendenten einen Pflichttheil nur insoweit fordern, als die Entsagung ausdrücklich zu ihren Gunsten geschehen ist.

§ 155. Nur Verwandte in aufsteigender Linie, die den Kindern einen Pflichttheil zu verlassen schuldig sind, können den Vater von dem Nießbrauche desselben nicht ausschließen.[2]

---

[1] Die Verordnung macht aus guten Gründen keinen Unterschied zwischen gültigen und ungültigen Schulden, man darf sie also auch nicht auf gültige Schulden beschränken. Auch Enkel, welche die Großeltern unmittelbar beerben, müssen sich eben das auf den Pflichttheil anrechnen lassen, was der Verstorbene ihrer Eltern, wenn er Erbe seiner Eltern geworden wäre, sich hätte anrechnen lassen müssen. (Koch.)

[2] Die geschiedene Ehefrau soll ihren geschiedenen Ehemann von dem gesetzlichen Nießbrauche des ihren gemeinschaftlichen Kindern zu

A. L.R. II, 18 § 38. Auch Diejenigen, welche den Kindern einen Pflichttheil schuldig sind, können dem Vater die Verwaltung darüber entziehen.[1]

A. L.R. II, 3 § 33. Geschwister haben von einander keinen Pflichttheil zu fordern.

A. § 104 zu § 574 A. L.R. II, 18. Ob ein im Pflichttheil eingesetzter Erbe im Fall der Theilung auf Subhastation des Grundstückes anzutragen befugt, oder ob er zufrieden sein müsse, daß der Pflichttheil nach der Taxe ausgemittelt werde, muß darnach beurtheilt werden: ob der Pflichttheil auf eine gewisse Summe festgesetzt, oder derselbe ohne Bestimmung einer gewissen Summe verschrieben worden. Im erstern Falle bedarf es nur der Taxe, im Letztern hingegen der Eintragung des Miteigenthums in das Hypothekenbuch, und im Falle der Theilung der Subhastation nach den näheren Vorschriften des allgemeinen Landrechts.

---

hinterlassenden Pflichttheils nicht ausschließen. Erk. des O.Tr. v. 3. März 1852.

[1] Auch den Pflichttheil der verheiratheten Tochter kann der Erblasser für vorbehaltenes Vermögen erklären. (Koch.)

# Sachregister.

(Die Zahlen geben die Seiten an.)

## Berichtigung.

Seite 30 Zeile 18 von oben statt „nicht“ zu lesen „mit“.

---

Druck von Ed. Frommann in Jena.

Buchdruckerei der Berliner Bürger-Zeitung (D. Collin) Schützenstr. 68.

FSC
www.fsc.org
MIX
Papier | Fördert
gute Waldnutzung
FSC® C083411

Kolibri 360 GmbH
Ferdinand-Jühlke-Straße 7
99095 Erfurt, Deutschland
produktsicherheit@kolibri360.de